H. 1593.

15973.
H.

LES
MONUMENS
DE ROME.

LES
MONUMENS
DE ROME,

DESCRIPTIONS
DES PLUS BEAUX OUVRAGES
DE PEINTURE, DE SCULPTURE,
ET D'ARCHITECTURE,

Qui se voyent à Rome, & aux Environs.

AVEC
DES OBSERVATIONS
Sur les principales beautez de ceux de ces Ouvrages dont on ne fait pas des Descriptions.

Par M. Raguenet.

A PARIS,

Chez { la Veuve de CLAUDE BARBIN, au Palais, sur le second Perron de la Ste. Chapelle.
ET
la Veuve de DANIEL HORTHEMELS, ruë S. Jaques, au Mécénas.

M. DCC.
Avec Privilege du Roi.

A

LEURS EXCELLENCES
MESSEIGNEURS
LES CONSERVATEURS
DE ROME.

ESSEIGNEURS,

Mon dessein, dans le Livre que je présente à Vos Excellences, *est de tra-*

ã iiij

EPITRE.

cer un Monument de la magnificence de Rome, auquel le tems de votre Administration puisse servir d'Epoque. Je serois en droit de mettre ici, dans tout leur jour, la supériorité du Rang que vous occupez, l'élévation du Caractére que vous avez à soutenir, & la grandeur de la Dignité dont vous êtes revêtus. Il suffiroit, pour cela, de dire que toute la Majesté de l'ancienne Magistrature de Rome réside en vous, puis que vous seuls représentez cet auguste Corps ; car tout

EPITRE.

ce qu'on voudroit dire de plus ne pourroit qu'affoiblir une si haute idée que la connoissance des éminentes Charges que vous possédez réveille naturellement dans tous les esprits. Mais ce n'est point pour parer mon Ouvrage de l'éclat de vos Titres ni du lustre de votre Dignité, que je les mets à la tête de ce Livre ; je ne l'offre à VOS EXCELLENCES, que parce que je suis persuadé que personne ne sauroit être plus sensible que vous, MESSEIGNEURS, aux soins qu'on

ã v

EPITRE.

peut prendre de faire connoître le prix inestimable de ces excellens Monumens qui enrichissent la magnifique Rome, cette superbe Ville des Ornemens de laquelle les Loix vous ont établi les Conservateurs, Rome toujours la premiére Ville du Monde, toujours la Capitale de l'Univers par la pompe de ses Temples, par la magnificence de ses Palais, par les nouveaux Ouvrages dont les plus grands Génies des derniers siécles l'ont embellie, & par les précieux Restes

EPITRE.

de ses Edifices anciens jusques dans les débris & la poussiére desquels elle triomphe encore de ce qu'il y a de plus beau dans tout le reste de la Terre. Les Descriptions suivantes justifieront mieux ce que j'avance ici, que toutes les raisons que je pourois en apporter, c'est pourquoi je n'en dirai pas davantage. Je suis, avec le plus profond respect,

MESSEIGNEURS,

Votre tres-humble & tres-obéïssant serviteur,
RAGUENET.

PREFACE.

JE vais essayer, dans cet Ouvrage, de faire revivre l'ancienne réputation des Monumens de la vieille Rome, & de consacrer à la postérité ceux de la nouvelle : De présenter à l'imagination de quiconque lira ce Livre, comme dans un Tableau abbregé, les plus rares productions des siécles les plus florissans pour les Arts portez par les Grecs & par les Romains jusqu'au souve-

PREFACE.

rain degré de la perfection: De donner, s'il se peut, par les expressions dont je me servirai, de l'éclat aux plus brillans Chef-d'œuvres de Peinture; & du relief, aux plus magnifiques morceaux de Sculpture & d'Architecture qui soient au monde: D'illustrer des Ouvrages qui, depuis tant d'années, rendent illustre la plus célébre Ville de l'Univers; & de vaincre même quelquefois, par mes descriptions, les Ouvrages que je décris.

Je peindrai, si je puis, encore plus à l'esprit qu'aux yeux, ces Monumens dont

PREFACE.

le Monde entier subjugué par les Romains fut dépoüillé ; dont Rome a été décorée dans les tems de sa plus grande splendeur; qui ont servi d'ornement aux triomphes des Conquérans, aux Palais des Empereurs, aux Temples des Dieux ; qui ont été adorez comme des Dieux mêmes ; & qui, consultez de toutes parts, ont rendu des Oracles qui ont reglé, durant plusieurs siécles, la destinée des plus puissans Etats du Monde : Monumens qui attirent encore, tous les jours, à Rome des Etrangers de tous les endroits de la Terre ;

PREFACE.

que tous les Potentats & tous les Souverains de l'Europe font copier ; & dont les Images & les Copies font la plus magnifique décoration de leurs Palais & de leurs Jardins.

Je veux tâcher de faire voir Rome, fans Rome même : De découvrir au Lecteur, en deux ou trois heures de Lecture, autant de beautez qu'il en pourroit peut-être voir, en une année, fur les lieux : De fixer ces beautez fujettes aux injures des tems ; & de faire en forte que, fi les Monumens venoient à périr, l'Idée n'en périffe pas.

PRÉFACE.

Je prétens justifier le goût & le discernement des Anciens qui ont mis ces sortes d'Ouvrages à un si haut prix, qu'il s'est trouvé, parmi eux, des Princes dont les uns, pour un seul morceau de Peinture, ont offert d'acquitter les debtes immenses d'une Province entiére ; d'autres ont donné de tres-puissantes Villes en échange; d'autres enfin ont mieux aimé manquer à prendre celles qu'ils assiégeoient, & perdre tous les frais d'une grosse Guerre, que d'exposer un seul Tableau au danger de périr dans le sac de ces Villes.

Plin.l.35.

PREFACE.

Je vais enfin employer tous mes efforts pour faire toucher au doigt la vérité de ce qui a été dit de plus extraordinaire, de ces excellens Ouvrages, par ceux qui les ont le plus vantez; & donner un juste dégoût à tout le monde pour tout ce qui n'a qu'une beauté médiocre dans des Arts dont les productions n'étant nullement necessaires pour l'usage ordinaire de la vie, ne doivent être estimées que lors qu'elles sont portées jusqu'à l'excellence.

Pour cela, il ne suffit pas de faire des descriptions su-

PREFACE.

perficielles, en termes vagues & généraux; il faut entrer dans l'esprit des Peintres, des Sculpteurs, & des Architectes, & y lire leurs pensées les plus intimes; il faut, pour ainsi dire, creuser la partie la plus secrete de l'Ame de ces grands hommes, & y démêler des intentions souvent tres opposées quoi qu'unies ensemble; il faut sonder leurs desseins les plus profonds; rechercher leurs expressions les plus étudiées; révéler les Mystéres de l'Art les plus cachez; rendre palpables & sensibles les agrémens les plus fins & les charmes les

PREFACE.

plus imperceptibles de leurs Ouvrages ; & y faire voir à tout le monde ce qu'il n'y a peut-être qu'eux qui ayent jamais bien vû.

Dans la Carriére où je m'engage, je ne vois point de Guide que je puisse suivre. Philostrate, Calistrate, Pausanias, Lucien, Cassiodore, Pline, & les autres Anciens n'ont point assez approfondi le secret des Arts dont ils ont décrit les productions : Et pour les Modernes, comme ils ne se sont proposé que d'imiter ces Anciens, & qu'ils sont même restez beaucoup au dessous d'eux, je les pren-

PREFACE.

drai encore moins pour mes Modeles. Mais ainſi, ſans Guide, dans une route ſi délicate, prenons garde de faire de faux pas; & tâchons de ſoutenir nôtre entrepriſe de telle ſorte, qu'on ne puiſſe pas nous reprocher d'avoir mal répondu aux grandes & magnifiques promeſſes que nous avons faites.

EXTRAIT DU PRIVILEGE du Roi.

PAr Grace & Privilege du Roi, donné à Versailles le 2. jour de Mai 1700. signé par le Roi en son Conseil, LE COMTE, & scellé du grand Sceau de cire jaune ; Il est permis au Sieur RAGUENET de faire imprimer & débiter par tel Imprimeur ou Libraire qu'il voudra choisir, un Livre intitulé : *Les Monumens de Rome, ou Descriptions des plus beaux Ouvrages de Peinture, de Sculpture & d'Architecture qui se voyent à Rome & aux Environs ; avec des Observations sur les principales beautez de ceux de ces Ouvrages dont on ne fait point de descriptions*, en tels caractéres, volumes, & autant de fois que bon lui semblera ; & ce, pendant le tems de *six années* consécutives, à commencer du jour que ledit Livre aura été mis en vente pour la premiére fois en vertu du présent Privilége : Et défenses sont faites à tous Imprimeurs & Libraires, ou autres, de quelque qualité & condition qu'ils soient, d'imprimer & de débiter ledit Livre sous quelque prétexte que ce soit, sans le consentement dudit Sieur Raguenet, ou de ſes Ayans cauſe, à peine de 3000. l. d'amende, de confiſcation des Exemplaires contrefaits, & de tous dépens, dommages & interêts; ainſi qu'il eſt porté plus au long par ledit Privilege.

Régiſtré ſur le Livre de la Communauté des Imprimeurs & Libraires de Paris, le 15. de Mai 1700.

Signé C. BALLARD, *Syndic.*

Achevé d'imprimer pour la premiére fois en vertu du préſent Privilége, le dernier jour de Juillet 1700.

NOMS
DES GRANDS HOMMES
Des Ouvrages desquels il est parlé dans ce Volume.

Agasias. *s.*
Agésander. *s.*
Athénodore. *s.*
Le Cavalier Bernin. *s.*
Guillaume Bertelot.
Annibal Carache. *p.*
Le Caravage. *p.*
Le Corrége. *p.*
Le Dominiquin. *p.*
Le Cavalier Fontana. *s.*
Glicon. *s.*
Le Guide. *p.*
Jules Romain. *p.*
Le Cavalier Lanfranc. *p.*

Charles Maderne. *s*.
Eſtienne Maderne. *s*.
Le Micarin. *P*.
Michel-Ange. *P*. & *s*.
Phidias. *s*.
Polydore. *s*.
Guillaume de la Porte. *s*.
Praxitele. *s*.
Scipion Pulzone. *P*.
Raphaël d'Urbin. *P*.
Le Tintoret. *P*.
Le Titien. *P*.
Paul Véronêſe. *P*.
Daniel de Volterre. *P*.
Le Pére Matthieu Zaccolino. *P*.

LES MONUMENS DE ROME.

OUVRAGES DE PEINTURE Qui se voyent à la voûte de l'Eglise de S. André *della Valle*;

Par Dominique Zampiéri, nommé communément le Dominiquin, natif de Bologne en Italie.

C'EST à la vuë de ces Peintures, qu'on reconnoît que les grands Peintres répandent dans leurs ouvrages des caractéres de beauté si sensibles, que jusqu'au peuple & aux ignorans, tout le monde en sent l'excellence.

Dans l'endroit le moins avantageux de la voûte du Chœur, & dans un espace assez étroit, le Dominiquin a peint Jesus-Christ qui, du bord du lac de Génésareth où il est, découvrant Simon & André dans une barque, les appelle à lui pour en faire deux de ses disciples. Cette action qui n'est marquée que par un seul geste tres simple, est exprimée d'une maniére si naturelle que, du premier coup d'œil, tout le monde connoît de quoi il s'agit : que Jesus-Christ appelle à lui ces deux Pescheurs : qu'André lui tend les bras pour lui demander par quel moyen il poura aller à lui ; & que Simon plein de confiance faute hors de la barque, seûr de marcher sur les eaux, comme sur la terre ferme, au son de la voix divine qui l'appelle.

Le mouvement de la barque, & l'action de celui qui la conduit, sont des expressions qui égalent ce qui a jamais été fait de plus sublime par les Peintres. On voit ce Barcarolle enfoncer sa rame ; & se portant dessus de tout le poids de son corps en l'air, donner l'impression & le mouvement à la barque. Vous gageriez que vous la voyez avancer, fendre les eaux, les faire bruire & écumer. Il est impos-

sible que l'action, l'effort, & la grace de ce Barcarolle sortent jamais de la mémoire quand on en a vû l'expression dans cette peinture; & cependant ces choses s'effacent souvent de l'imagination de ceux qui ont vû de véritables Barcarolles sur des barques tres réelles : tant il est vrai que l'art, quand il est poussé jusqu'à un certain degré d'excellence, fait des impressions plus puissantes & plus durables que la nature même. Aussi le Poussin, lequel a été sans contredit le plus savant des Peintres modernes, disoit-il ordi-
» nairement, Qu'il ne connoissoit
» point d'autre Peintre que le
» Dominiquin, pour les expres-
» sions; & qu'il avoit été plus loin

en cela que les Caraches mê- «
mes. «

Mais la maniére dont le Dominiquin a mis en perspective cette barque & ce Barcarolle, me paroît surpasser tout le reste, & être au-dessus même de tout ce qu'on en sauroit dire ; car quoi que l'un & l'autre soient peints dans l'endroit le plus concave de la voûte, il n'y paroît non plus de racourci que s'ils étoient sur une muraille toute droite & sur une superficie toute plate. Aussi ce Peintre, quoi que le plus modeste des hommes, ne put-il s'empêcher de dire, un jour, à un de ses amis qui lui demandoit par quelles régles il avoit trouvé le moyen de produire un

effet si surprenant dans la Pein-
» ture ; Que n'ayant pû tirer, de
» l'art, aucun secours pour cela,
» il avoit eû recours à son pro-
» pre génie.

Les Evangélistes des quatre angles du Dôme ne paroissent rien moins que de la peinture plate, mais semblent être de véritables figures postiches, appliquées sur le plâtre; & le Lion d'un de ces Evangelistes, avec lequel des enfans jouent, est une piéce incomparable.

Les Vertus peintes au dessus du cordon qui se voit autour du chevet de l'Eglise, paroissent, de même, de véritables statues placées dans des niches, saillantes hors de la muraille, & isolées de tous côtez ; & celle qui repréfente la pauvreté volontaire a, par deſſus les autres, un relief qui paſſe tout ce qu'on a jamais vû en ce genre-là : il ſemble qu'elle ne tienne pas même à la muraille ſur laquelle elle eſt peinte, & il n'y a perſonne qui n'y ſoit trompé.

Le payſage qui regne dans cette voûte, eſt par-tout d'un grand goût, & d'un beau faire ; les ſites en ſont parfaitement bien liez, & en même tems tres-bien dégagez ; compoſez de peu d'objets, mais bien choiſis. Les lieux y ſont animez par les eaux dont la nature eſt d'être en mouvement ; & ces eaux embellies par les reflets des objets voiſins, y ont une fraîcheur

8 LES MONUMENS
délicieuse. Les couleurs y sont toujours vraies dans les lointains. Les arbres en sont de formes bien variées, les touches spirituelles & précieuses, ayant peu de traits, mais qui expriment beaucoup; en un mot, tout y est dans le goût exquis des Caraches ses maîtres.

Les Colomnes Antonine, et Trajane,

Qui se voyent dans les Places qui ont le même nom.

Ces deux Colomnes sont toutes deux à limace, de marbre blanc, & toutes couvertes de bas-reliefs.

La Colomne Trajane est haute de cent quarante pieds; & l'Antonine, de cent soixante & quinze. Elles ont l'une & l'autre toutes les proportions des Colomnes faites suivant les régles les plus exactes de l'Architecture; ainsi on peut juger de leur grosseur, par leur hauteur.

Il y a un escalier en forme de

vis, dans chaque Colomne, par le moyen duquel on peut monter jusqu'au dessus de leur chapiteau. L'escalier de la Colomne Trajane a cent soixante & treize marches; & celui de l'Antonine en a cent quatre-vingt-dix; & ces escaliers sont éclairez par quarante petites fenêtres qui sont pratiquées le long du fust de chacune des Colomnes.

Les Urnes d'Antonin & de Trajan étoient autrefois sur ces Colomnes; & les bas-reliefs dont elles sont couvertes représentent les victoires remportées par les Romains, sous le regne de ces deux Empereurs. On y voit leurs batailles navales, leurs combats de terre, & leurs triomphes, mieux représentez qu'on ne le sauroit voir sur aucune médaille, ny par le moyen d'aucune estampe. Les hommes, les chevaux, tout y vit, tout y marche, tout y combat véritablement, mais avec fureur & avec rage. Les Romains en triomphe semblent partir, avancer, & cheminer autour de la Colomne; jusque sous leur habit de guerre ils sont pleins de majesté en allant au combat.

On y voit un nombre infini de figures, une varieté surprenante d'attitudes & d'actions; & il n'y a qu'un génie inépuisable qui ait pû fournir au dessein d'une composition remplie d'une si prodigieuse abondance de pensées toutes différentes.

L'uniformité du travail de

ceux qui ont taillé ces bas-reliefs, est encore une chose étonnante; tout y est également achevé, tellement qu'il semble que tout y ait été fait par le même ouvrier, & que ce soit le travail du même ciseau.

Mais ce qu'il y a de plus admirable dans toutes les figures de ces bas-reliefs, c'est la proportion qui y a été observée par raport à leur situation; car elles vont toujours en grandissant, à mesure qu'elles sont plus élevées; de sorte que celles qui sont tout au haut de la Colomne se voyent aussi-bien que celles qui sont au bas; & tout y est si égal, que l'esprit trompé par les yeux ne s'avise point de penser à la différence de la situation des objets qui doit, par une suite nécessaire, emporter la différence de leur grandeur.

Enfin, c'est de ces précieux Monumens, que le grand Raphaël d'Urbin même a tiré les plus belles pensées, & les expressions les plus singuliéres dont il a enrichi son fameux tableau de la bataille de Constantin contre Maxence, qui se voit au Vatican, & dont nous donnerons la description dans la suite de cet ouvrage.

Au reste, ces deux Colomnes sont encore presqu'aussi entiéres qu'elles étoient le jour auquel on les éleva, & elles sont beaucoup mieux conservées que la plûpart des médailles qui furent frappées au même tems. C'est-là ce qui s'appelle des Monumens véritablement éternels, & des instrumens seûrs pour procurer l'immortalité à ceux pour qui ils ont été faits; car ils sont, par eux-mêmes, à l'épreuve des injures du tems; & quand le monde dureroit encore autant qu'il a duré, il ne paroît pas que ces Colomnes doivent moins durer, si on ne les renverse & si on ne les détruit pas de dessein formé: Aussi sont-ce des ouvrages bien au-dessus de la capacité des autres peuples, & de la portée de ces derniers siécles.

Les Anciens ont fait paroître au moins quelque sorte de fécondité de génie dans l'art d'inventer des Monumens pour éternifer la gloire de leurs Princes; * Colomnes, Pyramides, Sepulchres, Arcs de triomphe, on voyoit de la diverfité dans leurs ouvrages; mais il femble que tous ceux qui s'en mêlent aujourd'hui, n'ayent dans la tête qu'une ftatue équeftre.

* Les Colomnes Trajane & Antonine ; la Pyramide de Ceftius ; les Sepulchres d'Augufte, & d'Adrien ; les Arcs de triomphe de Septime Sévére, de Titus, de Conftantin, &c.

LE SAINT SEBASTIEN.

Tableau qui se voit au Palais Borghêse ;

Par Dominique Beccafumi, autrement appellé le Micarin, *natif de Sienne.*

L'EXCELLENCE de ce Tableau fait bien voir qu'un Peintre d'un nom peu éclatant fait quelquefois des chef-d'œuvres qui égalent les ouvrages des plus grands maîtres. Saint Sébastien y est représenté le corps tout percé de fléches ; une sainte & charitable * femme retire ces fléches de son corps, mais avec une action inimitable qui fait connoître à tous ceux qui la regardent, combien elle ressent de peine

* Irénée, veuve du S. Martyr Castule.

de la douleur qu'elle fait souffrir à ce saint Martyr, & combien elle voudroit pouvoir le soulager en lui causant le mal qu'elle lui fait malgré elle ; elle appréhende de le blesser, en remédiant à ses blessûres ; elle tremble de le faire souffrir, en lui rendant ce douloureux service ; elle souffre la premiére, & avant lui, la douleur officieuse qu'elle lui cause ; elle tire ces fléches avec art, avec précaution, & avec je ne sai quelle prudence industrieuse ; jamais on n'en tira avec une adresse si délicate, & en faisant si peu de mal au blessé ; elle ménage la playe & la fléche, & elle y accommode le mouvement de sa main ; quand ce seroit de son propre corps qu'elle la tireroit, elle ne le feroit pas avec plus de ménagement & avec plus de mesures; il semble qu'elle sente le degré de douleur qu'il souffre, & qu'elle y proportionne la force qu'elle employe : Ce n'est point une représentation qu'on regarde, c'est une action réelle à laquelle on assiste; on compatit au saint Martyr qui souffre; on conduit, des yeux, la main de la sainte femme qui le soulage ; & peu s'en faut qu'on ne croye l'aider, tant on s'interesse à son action.

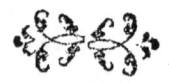

# OUVRAGES

DE

SCULPTURE

QUI SE VOYENT A LA VIGNE*BORGHESE
HORS DE ROME.

*On appelle Vignes les maisons de plaisance qui sont à Rome & aux environs.

L'APOLLON ET LA DAPHNÉ,
Groupe qui se voit dans le Palais de cette Vigne.

Par Jean Laurent Bernini, communément appellé le Cavalier Bernin, *natif de Naples.*

LE Groupe d'Apollon & de Daphné a emporté le prix de la réputation sur tous les ouvrages des derniers siécles, si bien qu'il est appellé communément, *le Miracle de la Sculpture moderne.*

C'est une chose qu'on ne sauroit assez admirer, que le Bernin, d'un bloc de marbre d'une aussi petite étenduë, ait sû faire deux figures toutes deux courantes comme celles-ci dont l'une fuit, & l'autre court après. Il n'y a pas plus d'un demi pied de distance entre Apollon & Daphné, le Dieu saisit déja la Nymphe ; cependant on voit bien qu'il ne la saisit qu'après avoir couru à perte d'haleine ; & l'expression que le Sculpteur lui a donnée, fait connoître, d'une maniére sensible, qu'il est au bout de ses forces dans le moment qu'il l'attrape. Ainsi le Bernin a sû donner au marbre, non seulement l'agilité du mouvement, mais encore la rapidité de la course la plus vîte.

Que dirai-je de la beauté de

l'Apollon, & de celle de la Daphné ? Vit-on jamais de plus beaux traits, ny de plus beaux corps à aucun Dieu, ou à aucune Déesse ?

C'est le marbre le plus dur qui ait jamais été travaillé, & cependant il est taillé avec tant de tendresse, qu'il paroît de la cire, de la pâte, ou plûtôt de la chair même.

Les pieds de Daphné qui commencent à s'allonger en racines sont le travail du ciseau le plus fin, & de la main la plus habile qui fut jamais; ce sont des fibres de marbre délicates, si bien tirées, & formées avec tant d'industrie, qu'on voit bien encore que ce sont des pieds, quoi que ce soient déja des racines : C'est l'instant du changement, & l'action même de la * Métamorphose, qui y est exprimée; il semble qu'on voye ce changement se faire insensiblement, & comme par degrez. A la vuë de cette expression admirable, on demeure persuadé que Daphné a été véritablement métamorphosée. Le Bernin rend naturelle & aisée une chose impossible ; car, à voir ce merveilleux groupe, il semble qu'il soit tres-aisé & tres-naturel qu'un pied prenne racine, & que tout un corps humain se change en arbre. Les bras deviennent insensiblement des branches; & les doigts, de petits rameaux qui forment déja des bouquets de feüilles ; de sorte

* Cette Métamorphose est décrite par Ovide au Livre 1. de ses Métamorphoses.

qu'il semble que la metamorphose se fait dans le moment qu'on la regarde, & que tous ces changemens se forment à vuë d'œil.

Mais ce qu'il y a de plus excellent, à mon gré, dans ce chef-d'œuvre, c'est le corps de Daphné où quoi que les proportions soient si exactement observées, on entre-voit déja l'idée d'un tronc d'arbre ; où la forme grossiére que devroit avoir une chose aussi matérielle que ce tronc, n'empêche point que le Sculpteur n'ait conservé non seulement le trait délicat d'un corps humain, mais encore ces contours si élégans & si gracieux par lesquels les Anciens distinguoient les corps de leurs Divinitez, d'avec ceux des hommes ; & où enfin, par un prodige de l'art, l'action de croître qui ne se fait que par des degrez imperceptibles dans la nature & qui doit par conséquent être insensible, se fait néanmoins sentir dans l'attitude merveilleuse où le Bernin a mis ce corps, par une espéce d'élancement qu'il lui a donné, & qui le fait déja paroître plus haut que celui d'Apollon à qui il est prêt d'échaper en s'élevant dans les airs par son accroissement.

Au reste, la modestie du Sculpteur me paroît couronner tout le mérite de son ouvrage ; & cette modestie ne fait pas moins voir son génie, que sa sagesse ; car

car Apollon, tout nud qu'il est, s'y trouve couvert par les feüillages qui ont été ingénieusement pratiquez entre lui & Daphné : Et cette Nymphe dont il croit saisir le corps, est déja Laurier à l'endroit où il la touche; de sorte qu'on ne voit rien, de ce côté là, que l'écorce de l'arbre qui commence à se former de tout le corps de Daphné.

Que si, après tout cela, on vient à faire réflexion que le Bernin n'avoit encore que dixhuit ans, lorsqu'il fit cet excellent ouvrage qui égale les plus rares productions de l'Antiquité & qui passe toutes celles des derniers tems, n'admirera-t'on pas le génie, ce précieux don du ciel, lequel est indépendant des siécles & des années; qui fait qu'on peut, en tout tems comme à tout âge, porter les ouvrages de l'art jusqu'à la souveraine perfection; qu'il n'y a rien en quoi les Modernes ne puissent l'emporter sur les Anciens, & qu'il n'est nullement impossible que de jeunes gens qui ne font que de naître, produisent quelquefois, pour leurs coups d'essai, des ouvrages qui surpassent les chef-d'œuvres des maîtres les plus consommez !

LE BELISAIRE MANDIANT,*
Statue antique.

CETTE statue a, dans son attitude, une expression si parfaite que, sans savoir qui elle représente, on voit bien tout d'un coup que c'est un homme qui mandie, & en même tems que c'est un grand Seigneur: accord rare & difficile à faire & à représenter dans la même personne, & presque par les mêmes caractéres! car l'air d'un grand Seigneur & celui d'un mandiant sont bien différents; cependant le Sculpteur a sû si bien les unir, dans cette statue, qu'on voit bien que cet

* Bélisaire, Général des Armées de l'Empereur Justinien dans le sixiéme siécle, fut réduit à demander l'aumône dans les rues de Constantinople, pour vivre.

homme est l'un & l'autre tout à la fois.

La pauvreté y est soutenuë de je ne sai quelle fierté noble que donnent le mérite & la naissance ; & cette noble fierté y est tempérée par je ne sai quel caractére de modestie qui accompagne toujours la pauvreté & l'indigence.

C'est un air d'élévation, mais d'une élévation flétrie par la misére ; c'est une attitude de mandicité, mais d'une mandicité causée par un sort injuste.

On voit bien que c'est un grand homme, mais qui est dans le dernier besoin ; on voit bien que c'est un pauvre, mais un pauvre nourri dans l'abondance & dans les richesses ; &

qui, bien loin d'être né mandiant, paroît accoutumé à donner lui-même libéralement à ceux qui mandient ; un pauvre qui se voit réduit à une étrange extrémité de misére, mais qui connoît néanmoins ses talens, sa capacité, & ses emplois passez ; un pauvre enfin qui ne s'éléve point par l'idée des postes importans qu'il a remplis, & qui ne se laisse point trop abbattre par le triste état où il se voit tombé ; qui connoît sa fortune passée, sans en être vain ; & qui sent sa disgrace présente, sans s'en laisser accabler : Car ces doubles sentimens, quoi qu'unis dans l'air & dans l'attitude du Bélisaire, y sont cependant sans aucune confusion, & s'y démêlent tres-facilement.

LA FAUSTINE,
ET
SON GLADIATEUR.
Groupe antique.

ON ne peut regarder ce Groupe sans croire qu'on voit encore Fauſtine elle-même, tremblante pour la vie du Gladiateur dont elle étoit éperduement amoureuſe, le vouloir retenir lorſqu'il eſt ſur le point de partir pour aller combattre à l'amphithéâtre. On démêle, dans ſes ſentimens, le fol amour dont elle eſt épriſe ; ſa paſſion qui brûle de ſe ſatisfaire ; ſa naiſſance qu'elle voit bien qu'elle déshonore ; la grandeur de son rang qu'elle avilit ; les empressemens timides & effrontez, foibles & hardis d'une femme qui aime, & qui sent bien qu'elle péche ; la peur qu'elle a que son amant ne meure ; les efforts qu'elle fait pour l'arrêter : car toutes ces passions sont si naturellement exprimées dans son air & dans son attitude, qu'on ne peut s'attacher à la regarder sans entrer dans ses sentimens ; & qu'on auroit pitié de la peine d'une si grande Impératrice, si on n'avoit honte de sa foiblesse.

LE GLADIATEUR.

Statue Antique,
Par Agaſias natif d'Ephêſe.

IL n'y a, au monde, que ſix ſtatues de la force de celle-ci ; c'eſt une de ces ſept * fameuſes du premier rang, qui nous ſont reſtées des Anciens chez qui même elles ont toujours été regardées comme des prodiges de l'art ; ce Gladiateur ayant paſſé, dans les tems les plus floriſſans de l'Empire Romain, pour un miracle de la Sculpture Gréque.

Il n'y a pas une ſeule partie de ſon corps, qui ne faſſe voir qu'il ramaſſe toutes ſes forces contre

---

* La Vénus de Medicis, l'Hercule de Farnêſe, l'Apollon, le Laocoon, le Myrmillon, le Méléagre, & ce Gladiateur, qu'on nomme communément *le Gladiateur de Borghêſe*.

son adversaire ; tous ses muscles, depuis la tête jusqu'aux pieds, sont tendus, gonflez d'esprits, & occupez à fournir à la véhémence du coup qu'il veut porter.

Il n'y a point d'homme qui puisse se camper, se poster, & préparer toutes les forces ramassées de son corps, en la manière que le fait ce Gladiateur, à moins que d'être Gladiateur de profession, c'est-à-dire, d'avoir été instruit à combattre par de longs exercices, & d'en avoir appris le métier par régles.

C'est une chose admirable à voir comment tout son corps est étendu depuis l'extrémité de l'orteil du pied sur lequel il se soutient, jusqu'au bout des doigts du bras qu'il avance en l'air; il semble qu'un nerf puissant & vigoureux soit tendu depuis l'un jusqu'à l'autre, passant sur les reins qui sont aussi bandez que le bras & la jambe.

Qu'un Borelli * qui a étudié à fond la méchanique des mouvemens du corps humain, eût dessiné une figure dans l'attitude de cette statue, je n'en serois pas surpris, parce que nul Philosophe de nôtre tems n'a si bien sû que lui en quelle situation & en quelle posture l'homme a le plus de force, ayant fait une étude singuliére de cette science pendant presque toute sa vie : Mais qu'un Sculpteur

* Philosophe méchaniste, lequel a fait, sur le mouvement des animaux, un Traité qui est une des plus excellentes productions de notre siécle.

l'ait faite aussi-bien que Borelli l'auroit pû faire si, avec toutes ses lumiéres, il avoit sû la Sculpture, c'est un prodige qui me confond; car il faut, pour le concevoir, que je suppose que les découvertes que ce grand Philosophe a faites par les plus profondes méditations, & que je croyois les choses du monde les plus nouvelles, fussent si vulgaires parmi les Anciens, que des gens qui n'étoient ni Physiciens, ni Anatomistes, ni Mathématiciens de profession, les possédoient aussi-bien que Borelli. Car il est vrai que le Statuaire qui, dans cet ouvrage, a eû dessein de faire la figure d'un Gladiateur lequel ramasât toutes les forces dont le corps humain est capable pour assener le plus grand coup qu'un homme puisse frapper, a fait cette statue de telle sorte, & lui a donné une telle attitude, qu'il n'y a pas un seul muscle, dans tout le corps, qui ne concoure à fortifier & à affermir ce grand coup; de maniére que quand ce seroit Borelli lui-même qui auroit entrepris de faire ce Gladiateur, il n'auroit pas pû, avec toute sa méchanique, trouver une situation plus propre à cette action, que celle que lui a donnée un simple Sculpteur de l'ancienne Gréce.

L'HERMAPHRODITE DORMANT,
Statue antique.

CETTE Antique fut trouvée à l'endroit où est présentement Nôtre-Dame de la Victoire, lorsque l'on y foüilla pour faire les fondemens de cette Eglise. Elle avoit, selon toutes les apparences, servi d'ornement aux Thermes de Dioclétien, ou aux Jardins de Saluste. Guillaume Bertelot, François de nation, fut chargé du soin de la restaurer, & c'est une des plus excellentes piéces qui nous soient restées de l'Antiquité.

Le génie de celui qui l'a faite, s'y découvre d'une maniére admirable dans l'art avec lequel, en ne faisant paroître qu'un seul sexe, il fait pourtant connoître que cette personne a tous les deux; car il l'a représentée couchée sur le ventre; de sorte que le dos paroissant visiblement être celui d'une femme; & le sexe de l'homme se voyant par-dessous, il faut demeurer d'accord que c'est l'attitude & l'expression les plus heureuses que l'esprit humain pût jamais inventer pour représenter un Hermaphrodite d'une maniére qui ne fût point immodeste.

Le Bernin a fait le matelas de marbre sur lequel cette statue est couchée, & il n'y a personne qui ne croye d'abord que c'est un matelas de véritable futaine. Tout le monde, fans favoir trop bien pourquoi, y porte le doigt; & chacun fent, avec je ne fai quelle horreur qui fait frémir, la dureté du marbre qui réfifte où il étoit naturel de croire que le doigt allât enfoncer.

Le Narcisse,
Statue antique.

Il ne faut que jetter la vuë fur ce Narciffe, pour voir tout d'un coup qu'il fe mire, quoi qu'il n'y ait rien autour de lui où il fe puiffe mirer. Cependant, il femble qu'il foit effentiel de mettre un miroir ou une fontaine devant une perfonne pour la repréfenter lorfqu'elle fe mire; néanmoins, ici, sans l'un & sans l'autre, le Sculpteur fait voir évidemment que Narcisse se mire, la force de son expression suppléant aux fontaines & aux miroirs.

Il faut savoir bien attraper la nature, pour pouvoir ainsi exprimer les actions dépoüillées de leurs circonstances les plus essentielles. Les Statuaires d'aujourd'hui ont encore bien de la peine à en venir à bout, en les accompagnant de toutes leurs circonstances même les plus inutiles. Ici le Sculpteur, sans aucun de ces secours, prononce l'action de sa statue dans toute sa force, par sa seule attitude, & par la seule énergie de son expression.

LE SENEQUE MOURANT,
Statue antique.

SENEQUE est ici représenté les veines ouvertes, & perdant tout son sang dans une Cuve de marbre noir où il est tout nud, & debout, quoi qu'un peu voûté.

La Cuve n'est creusée que de la hauteur d'un demi pied, & tout le dedans est du porphyre plat & uni.

La statue n'est pas non plus entiére, car elle n'a que le haut des jambes qui sont enchassées dans le porphyre dont la Cuve est pleine.

Rien ne ressemble tant à la couleur du sang que celle du porphyre; tellement que Sénéque en cette situation paroît être véritablement dans son sang jusqu'à mi-jambes, au milieu d'une Cuve profonde qui en est déja presque remplie.

Il est de marbre noir, ce qui fait paroître encore plus mourans ses yeux qui sont d'albâtre.

Tous les sentimens dont il est rempli dans cette extrémité sont représentez si vivement sur son visage & dans son air, qu'il n'y a personne qui ne les y puisse lire: on y voit manifestement, que ce grand Philosophe sent qu'il touche à sa derniére heure, & qu'il va perdre la vie avec le reste de ses forces qui commencent à lui manquer; qu'il est pénétré de l'immortalité de son ame, déja occupé par avance de l'autre vie dans laquelle il va entrer, persuadé d'une justice suprême, d'une providence universelle, convaincu de l'existence d'un premier Estre qu'il réclame, qu'il envisage même fixement, à ce qu'il paroît.

Son attitude expirante, ses regards mourans portez du côté du ciel, son visage moribond élevé vers les Dieux, son sang épuisé, ses forces abbatuës, tous les membres de son corps languissans, la défaillance générale où il va tomber, tout cela ensemble forme une expression si touchante, que tous les spectateurs en sont attendris.

On croit être véritablement

présent à la mort de cet infortuné Philosophe, & le voir dans son agonie rendre les derniers soupirs. Oui quand on a bien considéré cette statue, on ne peut guéres s'empêcher de croire, toute sa vie, qu'on a été témoin oculaire de ce grand événement, & qu'on a véritablement assisté à ce triste spectacle.

Si nos Sculpteurs savoient faire un Christ d'une pareille expression, il est constant qu'il tireroit des larmes des yeux de tous les Chrétiens sans le secours d'aucune éloquence; puis que ce Payen expirant attriste, par sa seule expression, tous ceux qui le voyent, quoi qu'on ne prenne en lui aucun autre intérêt, que l'intérêt commun de la nature, dont le sentiment nous rend compatissans à la vuë de tous les objets dignes de pitié.

HERCULE ETOUFFANT ANTHÉE.

Tableau qui se voit dans le Palais de la même Vigne.

Par le Cavalier Jean Lanfranc, natif de Parme.

HERCULE tenant Anthée en l'air, le serre d'une si furieuse force en le prenant au défaut des côtes, qu'il lui écrase tout le corps, & fait presque toucher un des côtez à l'autre. Il semble qu'on entende des cris épouvantables que pousse ce pauvre malheureux qui se sent ainsi crever le ventre.

Hercule serre, & fait des efforts terribles, jusqu'à en devenir tout contrefait. Anthée fait des cris, & souffre une douleur qui va jusqu'à lui faire grincer les dents de rage; & on ne comprend pas comment un Peintre qui n'a jamais vû étouffer ainsi un homme en l'air, peut deviner toutes ces expressions & toutes ces attitudes.

Au reste, il est facile de reconnoître, dans cet ouvrage, ce goût de dessein grand & ferme, fort & terrible d'Annibal Carache Maître de Lanfranc, auquel le Disciple a par-tout joint une liberté de pinceau & une légéreté de main, qu'on peut regarder comme son caractére propre, & son talent particulier.

OUVRAGES DE SCULPTURE
QUI SE VOYENT AU CAPITOLE.

LES DEUX CHEVAUX DE MARBRE,

Qui sont sur la balustrade de la Cour; Antiques.
Et les deux autres qui se voyent à Monte-Cavallo, *dont l'un a été fait par Phidias, & l'autre par Praxitele.*

Les deux Chevaux de marbre qui sont à l'entrée de la Cour du Capitole, ont une attitude si pleine de vie & de mouvement, qu'on ne peut passer dessous, comme il faut y passer pour entrer dans la

Cour du Capitole, sans en avoir peur; car il n'y a personne qui en levant les yeux pour les regarder, ne croye qu'ils vont marcher sur sa tête. Il semble qu'ils n'ont plus que les pieds de derriére sur la balustrade; que ceux de devant avancent déja hors l'enceinte de la Cour, & qu'ils vont se jetter au bas du Capitole.

Cependant ces Chevaux, tout vifs qu'ils sont, paroissent froids en comparaison de ceux de *Monte-Cavallo*. On peut juger par là, de quel feu & de quelle vivacité doit être leur attitude.

Le Statuaire a choisi la plus animée & la plus impétueuse des chevaux les plus fougueux,

&

& il a sû la leur donner. Ils font tout en l'air, appuyez sur les deux jambes de derriére qui sont écarquillées & toutes pliées par la violence des efforts qu'ils font pour s'échapper, malgré les deux hommes qui les retiennent.

On voit leur peau se froncer, leurs jambes de devant s'élever, leur cou se tordre, & tout leur corps se cabrer; leur bouche est ouverte, leur langue sort, leurs naseaux enflammez renifflent & soufflent plutôt du feu que de l'air; &, à voir leurs mouvemens inquiets & leur action violente, vous diriez qu'ils vont se renverser tout-à-fait sur le dos, ou se précipiter en emportant les hom-

C

mes qui s'efforcent de les retenir.

Il faudroit qu'un cheval vivant & véritable fût bien vigoureux, & qu'il fût même extraordinairement poussé & forcé, pour faire paroître la fougue & les emportemens de ceux-ci.

Statue equestre de l'Empereur Marc Aurele.
Antique.

IL n'y a constamment aucun cheval, ni Anglois, ni d'Espagne, quelque vif & quelque vigoureux qu'il soit, qui fasse paroître plus de vigueur & de vie que celui-ci, tout de bronze qu'il est.

A voir sa légéreté, on diroit

qu'il ne péfe point fur le piéd-d'eftal qui le foutient, & qu'il n'a pas befoin d'appui. A voir fon action & fon feu, vous diriez non feulement qu'il va partir, mais que fes pieds ne tiennent point à la bafe qui le porte, & qu'il marche véritablement; il femble qu'il ait plus de mouvement & de vie, que les chevaux mêmes qui fe meuvent & qui vivent.

On a eû bien raifon de dire que ces anciens Fondeurs verfoient des ames dans leur airain en le fondant.

Mais que dire de la dorûre du Marc Aurêle? quel or, quel brillant, quel éclat, quelle durée, quel art de dorer! Cette dorûre eft fi legére, fi fine, fi intime-

C ij

ment unie au métal, qu'elle ne fait plus qu'un même corps avec lui, qu'il semble que ce soit une statue d'or pur; & non plus du bronze doré.

LE SAINT-MICHEL,

Tableau qui se voit aux Capucins de *Capole Case*;

Par Guido Reni, vulgairement nommé le Guide, *natif de Bologne en Italie.*

JE n'ai vû aucun Tableau du Guide qui soit d'un coloris aussi brillant que celui-ci où il a, pour ainsi dire, prodigué le vermillon & l'azur qu'il employe si peu par-tout ailleurs.

Saint Michel y est peint dans l'attitude du monde la plus noble & la plus auguste; les aîles étenduës en l'air, le bras levé & foudroyant, l'écharpe volante, l'habillement à la Romaine; toute la toile remplie de la vaste & spatieuse grandeur de cet Ange, son air victorieux & atterrant ; tout cela a quelque chose de si grand & de si pompeux, qu'une Créature ne sauroit avoir un air plus divin, sans paroître un Dieu.

Que dirai-je de plus ? Tous les talens du Guide me paroissent éclater avec toute leur magnificence dans ce seul Tableau, comme dans une commune expression ; sa maniére facile, grande & noble, douce & gracieuse ; son pinceau leger & coulant ; ses coups hardis passez sur les endroits les plus pénez, pour dérober la vue & l'idée du travail qu'ils lui avoient couté ; sa finesse dans les pensées ; sa noblesse dans les figures; la grace & la dignité par-tout répanduës; en un mot toutes ces grandes & rares parties de son Art, qui lui ont acquis une réputation immortelle.

La Sainte Cecile,

Statue qui se voit sur le Tombeau de cette Sainte, dans l'Eglise consacrée sous son nom.

Par Estienne Maderne, Lombard.

IL n'y a personne qui ne crût que cette Statue est un des ouvrages du Cavalier Bernin; car, pour la délicatesse du travail & la tendresse avec laquelle le marbre y est taillé, c'est entiérement le goût & le génie de ce fameux Sculpteur.

Estienne Maderne qui l'a faite, a représenté sainte Cecile dans la posture où son corps fut trouvé long-temps après sa mort, c'est-à-dire couchée & étenduë de sorte que la moitié de son visage étant contre terre, on n'en voit que l'autre moitié.

C'est ce corps mort ainsi trouvé, que Maderne a voulu représenter par cette Statue, & jamais dessein ne fut mieux exécuté.

Il semble qu'on voye effectivement une personne morte, & vétuë d'habits qui ont pris un tour conforme à la posture que lui a donnée sa chute en tombant par terre.

Ce n'est plus du marbre qu'on a devant les yeux, c'est de la chair, ce sont des habits qui l'enveloppent, & qui se sont arrangez suivant l'impression que le poids d'un corps mort qui tombe donne à ses membres deſtituez de vie & de mouvement.

La nonchalance de ces membres frappe les moins intelligens ; on voit les bras ſe joindre ; & la tête emportée par ſa peſanteur, ſe tourner à demi d'un côté, pour faire l'équilibre du reſte du corps dans la ſituation où il ſe trouve.

Juſqu'aux bleſſûres que reçut la Sainte, tout eſt divinement exprimé dans cette Statue ; on voit ſenſiblement que non ſeulement c'eſt un corps mort, mais que c'eſt le corps d'une perſonne morte de bleſſûres violentes, ſans néanmoins qu'il paroiſſe aucun veſtige des playes qu'elle ait reçuës ; mais ſa poſture & ſa ſituation font sentir sa chute ; & la maniére dont ce corps est couché & dont ses membres sont ramassez, fait connoître visiblement que c'est le corps d'une personne qui frappée de coups mortels est ainsi tombée le visage contre terre , & y a pris cette attitude si naturelle.

Enfin le marbre perd ici sa roideur dans les plis d'une étoffe souple qui suit le mouvement d'un corps pesant, suivant la pente duquel elle semble céder & obéir à vuë d'œil ; il y perd sa dureté dans la chair d'un corps dont les membres se plient & se tournent suivant la situation que leur fait prendre leur propre poids qui les en-

traîne ; &, de toutes ſes qualitez, ne retient que ſa froideur
& ſa peſanteur, pour exprimer
celles de la chair d'un corps
mort.

LE CHRIST,

Tableau qui se voit à la Chancellerie, dans l'appartement du Cardinal Ottobon.

PAR LE GUIDE.

IL n'y a, dans ce Tableau, que la Tête d'un CHRIST couronné d'épines ; cependant je ne croi pas que la Peinture puisse étaler plus de richesses, que le Guide en a déployé dans cette seule Tête.

On n'a jamais vû, sur un visage, tant de tranquillité avec tant de peine, tant de force avec tant de souffrance, & tant de sérénité avec tant de douleur.

Dans un teint flétri, noirci

de coups & de meurtriffûres, & à travers le sang qui coule sur le visage de ce Christ, ou qui est déja caillé, le Guide fait paroître des traits de majesté si éclatans, un air de grandeur si élevé, une image de divinité si sensible, qu'il n'y a qu'un Dieu qui puisse être ainsi fait; & que jamais aucun homme, dans l'éclat de la plus grande jeunesse & de la fortune la plus heureuse, n'a eû un air aussi grand qu'a ce Christ dans le plus déplorable état où une personne puisse être réduite.

Il faut bien posséder l'idée du Beau, pour la savoir ainsi faire briller jusqu'au milieu des flétrissûres & des meurtrissûres d'un visage, pour ainsi dire, enseveli dans le sang qui coule de toutes parts, d'une tête toute crevée des épines qui la percent.

64 LES MONUMENS

OUVRAGES
DE
PEINTURE
QUI SE VOYENT AU PALAIS CHIGI
DEVANT L'EGLISE DES SAINTS APÔTRES,
Et qui appartiennent
Au Prince Dom Livio Odescalchi.

LA DANAE',

Par Antoine, communément appellé le Corrége, natif de Corrége ville du Modénois.

CE Tableau est un des plus beaux qui soient sortis du pinceau du Corrége. Danaé y est représentée dans son lit, couverte seulement d'un de ses draps dont mêmes elle se découvre presque tout le corps, pour arranger ce drap d'une maniére propre à recevoir la pluye dorée d'une nuée jaune & brillante qui se résout en gouttes d'or, & qui tombe dans le creux qu'elle a formé de ce drap.

Il n'y a guéres de corps de femmes dont la blancheur pût se soutenir au milieu de ces draps qui sont d'un blanc de neige & de lait ; cependant, bien loin que celle de Danaé en soit défaite, il semble que le Corrége n'ait étallé tout l'appareil de la blancheur éblouïssante de ce lit, que comme un théatre propre à faire éclater davantage celle du corps de cette femme.

Sa beauté parée de tous les

agrémens de la jeunesse, la fait paroître digne de la passion du plus grand des Dieux ; & son air plein de tous les charmes de l'innocence semble mériter que Jupiter, sans user contre elle de sa toute-puissance, ménageât sa conquête par un artifice aussi séduisant que celui de la nouvelle métamorphose* qu'il employe pour s'en rendre le maître.

* Ovid. Metam. l. 4.

Le coloris de cette nuée grosse d'une pluye d'or est d'une entente merveilleuse ; mais le génie du Corrége est encore plus admirable dans l'air dont il fait recevoir à Danaé les précieuses gouttes de cet or liquide.

Un moins habile homme que lui l'auroit, sans doute, peinte ramassant avec empressement cette riche pluye; mais une passion aussi odieuse que l'avarice n'est point le caractére d'une personne aussi jeune & aussi noble que l'étoit Danaé; & l'on voit seulement, dans son air, je ne sai quelle surprise agréable mais innocente avec laquelle elle reçoit cet or, l'objet de la passion d'un cœur avare, véritablement avec quelque complaisance, mais sans aucune avidité.

Le Cupidon qui lui aide à recevoir la pluye d'or est d'une beauté achevée, & paroît plutôt un Dieu qu'un homme.

Les petits amours qui frottent, sur la pierre de touche, une fléche qu'ils ont faite de l'or qui tombe en pluye, pour éprouver s'il est de bon alloy, sont d'un goût exquis, & leur action est d'un naturel admirable.

On ne peut rien voir de plus fin pour les expressions, de plus délicat pour la fonte des couleurs, & de plus charmant pour le pinceau, que cet ouvrage.

Les contours y sont tendres & coulans; le racourci merveilleusement bien fait; la maniére la plus finie & la mieux terminée qui ait jamais été.

Toutes les pensées en sont ingénieuses, les airs de tête nobles & gracieux; & l'extrême exactitude du travail n'empêche point qu'il n'y paroisse une merveilleuse facilité.

Il semble que la beauté & la

grace résidassent au bout des doigts de cet excellent Peintre, & qu'elles s'en détachassent lorsqu'il travailloit, pour aller se répandre dans ses ouvrages.

Les couleurs de ses figures tiennent, toutes, de celle du champ qui leur sert de fond, & s'y unissent tendrement ; ces couleurs ont je ne sai quoi de précieux qui enchante ; son pinceau uni, coulant & leger paroît avoir été conduit par la main d'un Ange : Et quand on fait réflexion que le Corrége a porté la Peinture jusqu'à un si haut degré d'éxcellence sans avoir rien appris des Anciens ni des Modernes, sans avoir vû l'Antique & sans avoir eû aucun maître, on ne peut s'empêcher d'admirer le souverain autheur de tous les talens naturels qui, dans la dispensation qu'il en fait, se plaît quelquefois à donner à certains hommes un génie tellement au-dessus de la mesure commune, qu'il peut suppléer aux régles & aux préceptes, aux instructions & aux exemples, & à toutes les lumiéres étrangéres, comme il a fait en celui-ci.

LE GANIMEDE.

Par Michel-Ange Buonarotti, né dans le Territoire d'Arezzo en Toscane; & par Annibal Carache, natif de Bologne en Italie.

CE Tableau a ceci de singulier, que le sujet en a été dessiné par Michel-Ange le premier homme du monde pour le deſſein; & qu'il a été peint par Annibal Carache un des plus grands hommes qui ait jamais été pour la Peinture.

Il eſt aſſez difficile de comprendre comment, ſelon la Fable*, un Aigle a pû enlever un homme & le porter, en volant, au-deſſus des airs. Plus on y penſe, moins il ſemble qu'il ſoit poſſible de le concevoir: Cependant Michel-Ange a ſi bien fait, par le deſſein de ce Tableau, qu'il a rendu tres vraiſemblable cette action qui paroît d'autant plus impoſſible, qu'on employe plus d'efforts d'imagination pour la concevoir; car ſans avoir fait l'Aigle trop grand ni le Ganiméde trop

* Ovid. Metam. l. 10.

petit, il a fû donner tant de force à l'un & tant de délicatesse à l'autre, qu'il paroît tres-naturel que l'Aigle, vigoureux comme il est, enléve sans de grands efforts un jeune garçon aussi délicat qu'est le Ganiméde.

C'est une chose merveilleuse, que l'attitude que Michel-Ange a donnée à ces deux figures; car il a tellement enlassé le Ganiméde par le moyen du cou de l'Aigle & d'une de ses serres, qu'il le tient avec une force invincible, sans néanmoins qu'il puisse l'empêcher de prendre son essor.

Une seule de ses serres dont il entoure une des cuisses de Ganiméde; & sa tête & son cou dont il environne le corps de

ce

ce jeune homme, le mettent tellement en sa puissance, qu'il a le mouvement de ses aîles libre pour voler, sans cependant que sa proye lui puisse en aucune maniére échaper.

Ainsi le Peintre, par cette puissante expression de force qu'il a donnée à l'Aigle, par la délicatesse du corps de Ganiméde, & par l'enlassement de l'un dans l'autre, a rendu vraisemblable une chose qui paroît impossible à l'imagination des meilleurs esprits.

C'est encore, à mon gré, une merveille du dessein, que ce Chien qui regarde, avec une action pleine de surprise, son maître qu'il voit enlever dans les airs; car rien n'est plus dans le bon goût de la nature, que ce Chien qui autre part ne seroit rien, & qui fait ici un effet admirable. Rien ne paroît plus aisé à imaginer quand on le trouve fait ; mais avant que de l'avoir vû, qui est-ce qui s'en seroit avisé ? Voilà le mérite particulier de Michel-Ange dans cet ouvrage.

Le Carache a celui d'avoir peint, avec la derniére force & la derniére délicatesse, le plus beau dessein du monde ; car on ne vit jamais un Aigle plus parfait, ni un corps d'homme plus beau & mieux peint que celui-ci. En un mot, on voit ici toute la vivacité qu'il savoit donner aux expressions, toute sa fermeté dans l'exécution : Et toutes les figures de ce Tableau font également connoître le merveilleux talent que cet excellent Peintre avoit pour choisir, dans tous les objets de la nature, certains caractéres spécifiques & dominans qui les font plus essentiellement être ce qu'ils sont ; & qui les font aussi plus sensiblement & plus spécificativement paroître ce qu'on veut qu'ils paroissent, quand on sait les attraper comme lui, & les imprimer aux choses qu'on a dessein de représenter.

La Sybille.
Par le Guide.

La pâleur du visage de cette femme, ses rides, sa coëffûre, tout fait connoître d'abord que c'est une Sybille.

On n'a jamais vû, dans aucun ouvrage de Peinture, une expression plus naturelle & plus forte d'une rêverie profonde, que celle que le Guide a fait paroître dans tous les traits de cette personne. Son ame toute retirée en elle-même par la force de son application, semble avoir attiré, dans la profondeur où elle est enfoncée, tous les esprits & tout le sang des parties extérieures du corps qu'elle laisse pâles & éteintes; il semble que cette ame ait quitté tous les objets préſens & même ſon propre corps, pour s'enfoncer dans la vuë de l'avenir ; & l'air de cette Sybille porte le caractére d'une rêverie toute différente de celle par laquelle on penſe au préſent & au paſſé; elle fait des efforts tout autrement grands pour percer les ténêbres épaiſſes qui couvrent les choſes futures; il ſemble qu'elle ſe fait, pour cela, une eſpéce de violence à elle-même ; & je ne ſai quel air de ſouffrance mêlé à ſa profonde application fait ſentir ce que lui coûte la découverte de l'obſcur avenir qu'elle veut pénétrer.

Pour moi, je ne trouve rien de plus admirable que ce caractére de méditation que le Guide a sû faire paroître dans ce Tableau. Il faudroit avoir vû des Devins s'efforcer de pénétrer l'avenir, afin de savoir l'air que donnent au visage d'une personne de semblables efforts ; car c'est cet air que le Guide a merveilleusement bien donné à cette Sybille : Elle rêve d'une manière toute différente de celle par laquelle on nous peint, quelquefois, les Philosophes même les plus méditatifs recherchant la connoissance des véritez les plus abstruses : Les Sénéques, les Socrates, les Catons & les plus savans rêveurs de l'Antiquité n'ont jamais rêvé avec la profondeur enfoncée que le

Guide a fû donner à la rêverie de cette Prophéteffe ; on voit fenfiblement qu'elle cherche des véritez tout autrement cachées que celles qu'ils méditoient, & qu'elle perce des enfoncemens tout autrement obfcurs : Vous diriez qu'elle léve, avec une efpéce d'horreur, les voiles ténébreux des événemens futurs qu'elle découvre ; & qu'elle dérobe, avec frayeur, la connoiffance de l'avenir qu'elle pénétre ; il femble qu'elle en frémit & qu'elle en pâlit ; car toutes ces chofes font divinement bien exprimées dans le caractére d'application & de méditation que le Guide a fait paroître fur le vifage & dans l'air de cette Sybille. Quel génie que celui des Peintres qui vont rechercher des expressions si savantes & si étudiées !

LA SAINTE VIERGE.
Par Raphaël Sanzio, natif d'Urbin.

CE Tableau est, au jugement de tous les connoisseurs, le plus beau que Raphaël d'Urbin ait fait de cette espéce, lui qui a fait une infinité de Vierges si belles ; car il semble que ces sortes de Tableaux ayent été ses ouvrages favoris, & qu'il se soit senti une inclination particuliére pour les faire ; nul Peintre n'en a jamais tant fait ; nul Peintre n'en a jamais fait de si belles ; & celle-ci est constamment autant au-dessus de ses autres Vierges, qu'elles sont toutes au-dessus de celles des autres Peintres.

Il n'y a rien de plus simple que le sujet de ce Tableau ; il n'est composé que d'une Vierge, d'un enfant JESUS, d'un saint Jean, & d'un saint Joseph.

La Vierge tient l'enfant JESUS par le bras, & saint Jean s'approche de lui pour le baiser : Raphaël les a peints debout, afin de faire voir la beauté de leur corps toute entiére ; aussi n'a-t-on jamais vû deux corps d'enfant plus beaux & plus parfaits que ces deux-ci : Et l'on avoüera, en les considérant, qu'il faut que la nature se soit fait voir toute nuë à Raphaël, & lui ait révélé toutes ses beautez, pour l'avoir sû peindre aussi parfaite. Je doute même que la nature soit aussi belle qu'elle l'est dans ce Tableau. Raphaël a été assurément plus loin qu'elle dans cet ouvrage ; & il l'a peinte suivant l'idée qu'il en avoit, plutôt que suivant ce qu'elle est : Ce n'est point certainement de la nature, que Raphaël a tiré ces excellentes expressions qui sont plus belles qu'elle-même ; il faut qu'il les ait puisées dans l'idée du Beau, source primitive qui n'est connue qu'aux grands hommes, & de laquelle ils tirent leurs expressions plus ou moins parfaites, à proportion de la force & de la beauté de leur génie.

La Vierge est grande & majestueuse; elle a l'air le plus noble qui fût jamais, mais accompagné d'une simplicité charmante qui assortit admirablement bien l'innocence des deux aimables enfans qui sont auprès d'elle.

Le corps du saint Jean n'est ni moins beau, ni moins bien proportionné que celui du Jesus; mais la carnation en est si différente, qu'il est aisé de reconnoître celui qui est le Dieu, à ses chairs si tendres & si blanches.

Quoi que le Jesus se laisse approcher familiérement de saint Jean qui vient le baiser avec la simplicité de l'enfance qui ne sait ce que c'est que la distinction des qualitez, il conserve néanmoins, dans cette bonté accessible, je ne sai quelle gravité sérieuse qui le fait véritablement paroître comme un Souverain qui reçoit l'hommage d'un de ses sujets : Et quoi que le saint Jean aborde le Jesus par une action aussi familiére que celle de le venir baiser, cette action est si modeste & si respectueuse, qu'on voit bien que c'est tout au plus un favori qui n'en use si librement que par la bonté de son maître qui l'autorise.

Au reste, les couleurs de ce Tableau sont si belles & si gracieuses que, de si loin qu'on l'apperçoive, il charme les yeux sans même qu'on en distingue encore le sujet, par la seule beauté du coloris.

LA VENUS.

Tableau qui se voit dans la Galerie du Palais du Connétable Colonne.

Par Paul Caliari, vulgairement appellé Paul Véronêse, *natif de Vérone.*

IL n'est pas possible de voir une femme qui ait plus d'agrémens & de charmes, que cette Vénus; elle a, outre cela, cet air de jeunesse à qui le badinage sied si bien; car elle badine effectivement avec Cupidon son fils qui lui veut ôter quelque chose qu'elle tient & qu'elle éléve de peur qu'il n'y atteigne : On le voit aussi s'élever sur le bout de ses pieds, & étendre le bras de toute sa force, pour lui arracher ce qu'elle ne veut pas lui donner ; & cette action est d'un naturel au-dessus de toute expression ; ces petits efforts qu'il fait vainement ont je ne sai quoi d'enfantin qui enchante, & qui donne une grace merveilleuse à son petit corps le mieux formé qui fût jamais: Il semble qu'on l'entend murmurer & se plaindre ; & Vénus qui y prend plaisir, rit de ses vains efforts & de ses petites plaintes de la maniére la plus naturelle & la plus gracieuse du monde.

Pour moi, plus j'ai considéré ce Tableau, plus j'ai été persuadé que l'examen des ouvrages de Paul Véronèse faisoit connoître avec évidence la justice des éloges qu'on a faits de cet excellent Peintre, quand on a dit que son exécution étoit ferme & assurée ; que personne ne l'a égalé pour la facilité & la maîtrise du pinceau ; que les attitudes & les actions de ses figures sont si simples & si faciles, si commodes & si naturelles, & que les couleurs sont employées dans ses ouvrages avec une pratique si libre & si aisée, qu'il semble que toutes choses s'y soient faites d'elles-mêmes & sans aucune peine ; qu'il a entendu les couleurs locales aussi-bien que ceux de sa profession qui ont excellé dans cette partie de la Peinture ; qu'il a dessiné les corps de femme avec une élégance singuliére ; que ses Têtes ont du grand & du noble ; qu'il n'y a point d'ouvrages plus travaillez que les siens & plus recherchez soit par des teintes vierges dans les clairs, soit par des glacis dans les ombres ; & qu'enfin les couleurs rompuës qu'il a employées partout si à propos, donnent une si parfaite union aux autres, que l'accord & l'harmonie du tout ensemble a quelque chose qui enchante les yeux : Mais je ne comprens pas ce que ceux qui lui ont reproché que ses expressions n'ont aucune finesse & qu'il a mal touché le caractére des passions, pouroient répondre à la simple vuë de ces deux seules figures.

STATUE

Que les uns disent représenter Poppée ; & les autres, Agrippine,

Dans les Jardins Farnêses au Mont Palatin ;

ET LE FAUNE,

Statue qui se voit au Palais Barberin.
Toutes deux Antiques.

QUELQUES Antiquaires disent que cette Statue d'une femme qui rêve si profondément dans les Jardins Farnêses au Mont Palatin, représente la fameuse Poppée ; ce qui ne me paroît nullement vraisemblable, Tacite nous parlant de Poppée côme de la plus bel-

Annal. l. 13. c. 45.

le femme de son tems ; & celle-ci ayant plutôt l'air & les traits d'un homme, que ceux d'une femme. D'autres veulent que ce soit Agrippine. Quoi qu'il en soit, il n'y a aucune statue dans Rome, plus pleine de vie que celle-ci.

Cette femme pense, mais on voit que ses pensées vont, si j'ose me servir de ce terme, jusqu'au dernier approfondissement de la chose à laquelle elle s'applique ; c'est la rêverie la plus enfoncée à laquelle elle est entiérement livrée ; elle est possédée par une de ces réflexions puissantes qui occupent toute l'ame, qui l'enlévent à toutes les sensations du corps ; & dans lesquelles nous sommes insenfibles à l'action de tous les objets qui nous environnent, nous n'entendons plus ce qu'on nous dit, nous ne voyons point même ce que nous regardons, & notre corps n'agit plus que machinalement.

Cette rêverie profonde n'est pas seulement exprimée par les traits du visage & par l'air que le Sculpteur a donné à cette Statue, mais encore par la posture de tout son corps ; de sorte que, quand la tête en seroit ôtée, on connoîtroit, d'une maniére tres sensible, que cette femme rêve profondément, par sa seule attitude.

Le Révérend Pére Mabillon dit, dans son Voyage d'Italie, que l'air de cette femme est merveilleusement bien composé à la tristesse : mais apparemment ce grand homme qui s'appliquoit, à Rome, à des choses bien plus importantes, n'a vû ces sortes de curiositez qu'en passant ; & je suis persuadé que s'il avoit suffisamment examiné cette Statue, il auroit reconnu que l'expression ne va pas jusqu'à la tristesse, & qu'il n'y a que de la rêverie, mais la rêverie la plus profonde qu'on ait jamais vuë : Et comme les Anciens ne faisoient pas seulement des Statues d'hommes & de femmes, mais qu'ils en faisoient encore des Vertus, des Passions, des actions de l'Ame & de ses sentimens ; car on en voit de la Pudicité,

Mirè ad tristitiam composita.

de l'Honneur, de la Concorde, de l'Amitié Conjugale, de la Fidélité ; ainsi il peut bien être qu'ils ayent fait celle-ci pour exprimer la Rêverie sous la figure d'une femme.

Quoi qu'il en soit, il n'y a rien de plus naturel que son air & son attitude ; plus on la regarde, moins il semble que ce soit une Statue ; plus on s'attache à la considerer, plus il semble que ce soit une personne qui rêve véritablement: nulle Statue moderne n'a cette vie & ce naturel ; & je ne sache que le Faune du Palais Barberin qu'on lui puisse comparer.

Ce Faune est représenté dormant d'un paisible & agréable

sommeil ; on ne sauroit se lasser de le regarder ; rien n'est plus beau, parce que rien n'est plus naturel ; ou plutôt, c'est la nature elle-même toute vivante qu'on voit dans cette Statue ; les plus belles de l'Antiquité ne sont belles que par là ; ce qui les rend si admirables n'est souvent qu'une posture, un geste, un rien naturel, mais si naturel, que la nature ne l'est pas plus elle-même : il faut, pour ainsi dire, l'avoir vuë à nud, pour attraper ces airs si délicats, ces traits si fins, ces riens si naturels; un génie médiocre ne s'en avise point, il va toujours chercher je ne sai-quoi de guindé dans tout ce qu'il fait, il n'y a que les grands hommes qui les sachent trouver ; & quand ils les ont donnez à leurs ouvrages, le marbre n'est plus du marbre ; une Statue n'est plus une Statue ; c'est de la chair, c'est un homme, c'est une personne qui vit & qui respire.

Enfin, je ne craindrai pas de dire qu'il n'y a point, à Rome, de Statue comparable à ces deux-ci pour la force de l'expression dans un sujet où il soit si difficile d'en faire paroître.

Les autres représentent ordinairement quelque action éclatante, ou quelque passion ardente ; cela n'est pas bien mal-aisé à exprimer : Mais y a-t-il rien de plus simple & de moins marqué que le sommeil & la rêverie ? & c'est en quoi ces deux Statues sont, à mon sens, au dessus de toute comparaison ; puisque le sommeil qui est une image de la mort, & la rêverie qui est une espéce de suspension de la vie, y sont pourtant plus vivement exprimez, que les actions les plus animées & les passions les plus violentes ne le sont dans toutes les autres Statues.

OUVRAGES DE SCULPTURE

QUI SE VOYENT AU PALAIS FARNESE.

LA FLORE.
Statue antique.

IL n'y a point de draperie d'aucune Statue, qui ne paroisse grossiére, quand on a vû celle de la Flore : cependant il est plus difficile qu'on ne pense de faire des draperies fines comme celle-ci.

Les Modernes y font ordinairement une des deux fautes suivantes ; ou leur draperie est trop grossiére & ne laisse point voir le corps; ou, en voulant faire paroître le corps, il se trouve que ce n'est plus une draperie, mais les membres mêmes du corps qu'on voit.

Tout l'art consiste donc à faire voir ces membres de telle sorte, qu'ils paroissent néanmoins toujours couverts; & à les couvrir de telle maniére, qu'on ne laisse pas de les voir tres-bien au travers de la couverture.

C'est ce que les habiles Sculpteurs de l'Antiquité ont fait admirablement; & c'est ce qu'ont bien de la peine à attraper les Modernes qui en évitant un excès, tombent presque toujours dans l'autre qui lui est opposé : car les uns, pour empêcher que leurs figures ne paroissent plutôt nuës que légérement habillées, en font la draperie si épaisse, qu'on ne voit plus le corps à travers; & les autres, pour faire mieux paroître le corps, affoiblissent tellement la draperie, qu'il n'y en a plus rien ; de sorte que c'est véritablement le nud qu'on voit.

Il n'y a aucun de ces défauts dans celle de la Flore ; elle n'empêche point qu'on ne voye tout le corps de cette femme; & néanmoins ce corps en est tout habillé depuis la tête jusqu'aux pieds.

Mais la légéreté de cette Statue n'est pas moins admirable, que la délicatesse de la draperie ; nos plus fines danseuses n'en font point tant voir en dansant, que cette Flore en a en marchant ; elle ne tient point à sa base, elle n'y pose qu'un pied leger qui à peine la touche, elle ne fait qu'effleurer la terre, elle est emportée sur sa surface avec une légéreté semblable à celle des Zéphyrs ; plus on la regarde, moins elle paroît fixe ; il semble qu'elle vole plutôt qu'elle ne marche : & ce qu'il y a de surprenant, c'est que cette Statue est beaucoup plus grande que le naturel ; car il n'est pas mal-aisé de donner de la délicatesse à une petite figure; mais d'en donner à une masse de marbre aussi grande, aussi grosse, & aussi pesante que le bloc d'où a été tiré cette Flore, c'est assurément le chef-d'œuvre des plus grands Maîtres de l'Art : cependant il n'y a constamment nulle Statue au monde, quelque petite qu'elle soit, qui ait la légéreté & le dégagement de celle-ci.

L'HERCULE,

Statue antique.

Par Glicon, natif d'Athênes.

CETTE Statue, sans être ni colossale, ni gigantesque, représente Hercule comme l'homme le plus robuste qui ait jamais été ; & cela, par les seuls muscles que le Scul-

pteur a fait paroître dans pref-
que toutes les parties de fon
corps.

Mais ce qu'il y a de mer-
veilleux, c'eft que fon deffein
ayant été de repréfenter ce
Héros épuifé de fatigues après
tous fes travaux, il a fû faire
voir, dans une même Statue,
un prodige de force & de foibleffe tout enfemble.

La force y paroît furpre-
nante & capable de tout ce
que la Fable a fait faire de prodigieux à ce demi-Dieu, car on
ne peut voir un corps plus
nerveux & plus mufculeux; le
Statuaire, par la groffeur & le
grand nombre de ces mufcles
a exprimé cette force prodi-
gieufe; & la foibleffe, par l

nature & la situation de ces mêmes muscles qui, quoi que gros & puissans, paroissent néanmoins vuides d'esprits, & sont tous panchez suivant l'impression d'un corps dont toute la masse fatiguée porte sur un seul pied qui en soutient tout le poids avec la Massuë sur laquelle Hercule se laisse tomber en s'appuyant ; tellement qu'on ne vit jamais un homme plus fort & plus foible en même tems.

C'est le corps le plus robuste & le plus plein de muscles qui se puisse voir ; mais ce sont tout ensemble les muscles les plus relâchez & l'attitude la plus abbatue qu'on se puisse figurer ; de sorte que plus on

E iiij

examine cette Statue, plus on doute si le Sculpteur a eû intention d'en faire un symbole de la force, ou une image de la foiblesse, parce qu'il a voulu exprimer l'une & l'autre en même tems.

C'est la force, mais une force qui est à bout ; c'est la foiblesse, mais une foiblesse à travers laquelle on découvre les fondemens de la puissance la plus prodigieuse.

C'est la vigueur même, mais une vigueur mourante qui expire ; c'est le dernier accablement, mais un accablement dans lequel on voit les vestiges d'une force infatigable.

Ce sont les muscles & les nerfs les plus puissans, mais

vuides & épuifez ; c'eſt un abbatement qui va juſqu'à la défaillance, mais dans le corps le plus vigoureux qu'on vit jamais : Enfin c'eſt une puiſſance qui n'en peut plus ; & un épuiſement qui a quelque choſe de terrible & qui épouvante encore ; car toutes ces idées ſe réveillent, dans tout eſprit attentif, à la vuë de ce chef-d'œuvre de Sculpture.

Le Taureau.

Groupe antique.

CETTE fameuſe piéce eſt compoſée de deux hommes, de deux femmes, d'un enfant, & d'un Taureau ; ces ſix figures ſont plus grandes que le naturel, & toutes di-

E v.

stantes les unes des autres quoi que tirées du même bloc de marbre.

C'est assurément la chose la plus rare, en ce genre, qui soit dans le monde; & il a fallu une montagne entière pour former un Groupe si immense.

Cependant le moindre morceau de marbre y a été ménagé avec tout l'art & toute l'industrie possibles; le Sculpteur en ayant fait ici un chien; là un serpent; d'un côté, un panier; de l'autre, des fleurs, avec une économie de la matière qui n'est pas moins admirable que le travail & l'ouvrage du Ciseau.

On admireroit ailleurs les belles & les vives expressions

de toutes les figures ; la force surprenante du Taureau qui résiste ; celle de l'homme qui veut lui faire tourner & baisser la tête, pour attacher une corde à ses cornes ; le désespoir de la femme qu'on lie à ce Taureau, & qui voit que son corps en proye aux fougues de cet animal impétueux va être démembré & mis en piéces ; la beauté de ce corps dont les charmes enchantent malgré le désordre où le mettent la résistance de cette femme & les efforts des Boureaux qui l'attachent ; car il semble que le Sculpteur, pour toucher davantage les spectateurs à la vuë du pitoyable état où elle est, ait pris soin de la faire paroître encore plus belle que malheureuse : On admireroit, dis-je, toutes ces choses dans un autre ouvrage ; mais, dans celui-ci, la singularité du groupe est quelque chose de si prodigieux, que toute l'admiration se tourne de ce côté-là.

OUVRAGES
DE
PEINTURE
QUI SE VOYENT AU PETIT FARNESE.

HISTOIRE DES AVANTURES FABULEUSES DE PSYCHE´,

Peinte par Raphaël d'Urbin,

Dans la grande Salle de ce Palais.

CETTE Salle est assurément le plus célébre Théatre de la gloire du grand Raphaël d'Urbin, puis qu'il n'y a nul endroit au monde où il ait fait tant de grandes & de magnifiques choses, dans un pareil espace.

Le Conseil des Dieux tenu

à l'occasion du mariage de Psyché; & le Banquet fait pour ses Noces, en deux piéces feintes de tapisserie, remplissent tout le Plafond de cette spatieuse Salle.

Ce sont deux ouvrages de la plus grande composition, de la plus vaste étenduë, & de la plus belle ordonnance qui ayent jamais été faits; & c'est ici que j'appelle hardiment tous les Connoisseurs, pour vérifier si la Renommée n'a pas été sincére quand elle a publié dans toute la terre, par cent bouches différentes; tantôt que nul Peintre n'avoit eû plus d'élevation de génie, plus de fertilité & de richesse dans ses inventions, plus de grandeur dans ses idées, que Raphaël d'Urbin; tantôt que personne ne l'a égalé pour la force du jugement dans le choix des sujets, pour la magnificence de la composition dans les ordonnances, & pour la sagesse de la conduite dans la disposition des figures : ici, que ses attitudes sont les plus nobles & les plus naturelles, ses expressions les plus fines & les plus picquantes, & son pinceau le plus leger & le plus délicat qui fût jamais ; là, que nul Peintre n'a eû un dessein plus gracieux, plus suelte, où il y ait plus d'esprit, plus de caractére, & où la correction de l'Antique soit si bien jointe à la vérité, & à la naïveté

du Naturel : Que toutes ſes figures ont la majeſté des plus
belles Statues que les Grecs &
les Romains nous ont laiſſées;
qu'il ne lui échapoit rien de
toutes les choſes qui pouvoient
ſervir à l'embelliſſement de
ſes ouvrages ; Que, pour la
grandeur de maniére & le grand
goût, il l'emporte ſur tous les
autres : Enfin que, pour la grace, ce précieux don de la nature, perſonne n'en a jamais
été autant favoriſé que lui, ſans
en excepter même le Corrége
dont le plus grand mérite eſt
pourtant fondé ſur ce rare talent. On n'a qu'à venir dans
ce Palais, & l'on avouëra qu'il
n'y a rien, dans tous ces éloges,
que de tres équitable.

LE CONSEIL DES DIEUX.

CE morceau de fresque est composé de seize ou dix-sept figures qui représentent tous les Dieux & toutes les Déesses dans une assemblée où Cupidon vient demander la permission d'épouser Psyché; & où Vénus indignée de ce que son fils veut s'allier à une mortelle, combat ses raisons & s'oppose à sa demande.

Chaque Dieu & chaque Déesse s'y reconnoît d'abord aux symboles dont Raphaël les a tous caractérisez : Jupiter, à son Foudre ; Neptune, à son Trident ; Pluton, à la Fourche noire qui lui sert de sceptre ; Junon, à son Pan;

Pallas, à sa Pique & à son Casque; Diane, à son Croissant d'argent; Mars, à ses Armes; Apollon, à sa Lyre; Bacchus, à ses Pampres & aux grappes de raisin dont il est couronné; Hercule, à sa Massuë & à sa peau de Lion; Vulcain, à ses Tenailles; Janus, à ses deux visages; & Mercure, à son Caducée.

Figurez-vous ce qu'on peut concevoir de plus grand, par le fameux Tribunal de l'Aréopage, par le Sénat de la République Romaine, & par les Conseils des plus sages hommes de la terre assemblez en Corps pour décider des plus importantes affaires du monde; Raphaël s'est élevé au dessus de tout cela, & son Conseil des Dieux a encore quelque chose de plus grand & de plus auguste ; car quelle majesté, que celle de ces trois vénérables Vieillards les trois Dieux fréres, Jupiter, Pluton, & Neptune ? C'est ici qu'ils paroissent véritablement les maîtres du Ciel & de la Terre, & les meilleures têtes de l'Univers.

Les Déesses y paroissent avec toute la grandeur de leur caractére ; mais Vénus les efface toutes ; & sa majesté, son air, son action font voir, tout d'un coup, qu'elle est un des principaux personnages de la piéce.

D'autre part, Cupidon dont

les attraits innocens ont d'autant plus de force, qu'ils sont purement naturels, se présente aux Dieux avec tant de grace, & les conjure de mettre fin à ses maux d'un air si attendrissant, qu'il paroît comme impossible qu'ils lui refusent le secours qu'il implore: Ils délibérent néanmoins sur cela, mais d'une maniére bien différente les uns des autres. Jupiter y pense ; & quoi qu'il ne soit pas insensible aux charmes de Vénus, plus touché encore de pitié pour son fils, il paroît tout prêt à lui accorder sa demande ne pouvant résister aux priéres d'un si aimable enfant.

Neptune réfléchit sérieusement sur la demande de Cupidon, & délibére en Dieu plus libre & moins sensible que Jupiter.

Quant à Pluton, il délibére avec un air tout à fait féroce qui tient de son caractére de Dieu des Enfers; il fait, sur cette Requête, des réflexions profondes, il regarde la chose comme une affaire capitale, & ne paroît nullement sensible ni aux attraits de Vénus, ni à ceux de l'Amour : Généralement tous les personnages de cette nombreuse assemblée pensent, réfléchissent, méditent ; rien ne sauroit être plus animé, plus vivant, plus pensant; c'est l'ame, la vie & la pensée mêmes peintes & corporifiées par le moyen des couleurs.

ou plutôt par le génie du divin Raphaël ; Que dis-je ? En regardant cet ouvrage de Peinture, il semble qu'on voye moins des corps parler, agir, se mouvoir, que des ames & des esprits penser, réfléchir & délibérer.

LE BANQUET DES NOCES DE PSYCHÉ.

& ses autres avantures.

RAPHAEL supposant que les Dieux ont accordé à Cupidon la grace qu'il leur demandoit & qu'ils ont fait de Psyché une Déesse afin qu'il pût l'épouser avec bienséance, représente ici le Festin qui fut fait en réjoüissance de ces heureuses Noces.

Il y a au moins trente figures dans cette Piéce, mais toutes dégagées les unes des autres, & toutes si bien distribuées, qu'on voit également bien ce que chacune pense, ce qu'elle fait, & à quoi le Peintre la destine.

La grandeur & majesté des Convives n'empêchent point que l'agrément & la liberté ne régnent dans le repas; les Dieux & les Déesses s'y réjoüissent, pour ainsi dire, dépouillez de leur divinité, avec le naturel & les sentimens des hommes. Les uns sont occupez du soin de bien manger; les autres se contentent de boire; ceux-ci joignent l'amour à la bonne chére; & ceux-là font leur plaisir de s'abandonner aux agréables illusions que les vapeurs du vin entretiennent dans leur cerveau. Les expressions de ces divers caractéres sont d'une vérité & d'une force surprenantes.

Les Dieux les plus avancez en âge, en qui le froid de la vieillesse modére le feu du vin, font paroître plus de rêverie que de gayeté. Les Dieux entre deux âges, que la bonne chére anime & échauffe, semblent vouloir rappeller leur vigueur & leur jeunesse. Enfin les jeunes Dieux & les jeunes Déesses tels que Cupidon & Psyché, en qui les saillies de l'amour se joignent aux fumées du vin, pleins d'ardeur & de vivacité, s'y voyent dans des attitudes passionnées

passionnées & dans des transports tout de feu.

Qui pouroit décrire la légéreté de Vénus qui danse, la beauté des enfans qui servent, les agrémens avec lesquels les Heures & les Graces répandent les fleurs à pleines mains, & les parfums à pleins vaisseaux, l'enjoüement des Déesses, le badinage des Amours, la grace des Graces mêmes?

Mais rien ne me paroît plus admirable que la maniére dont Raphaël a exprimé la différenrence d'état où se trouvent les Convives, & les personnes qui les servent. Ceux qui sont à table, le visage enluminé, les yeux étincelans quoi que troubles & chargez, paroissent à

F

demi étourdis, rêvant sans penser, regardant sans voir, écoutant sans entendre, & agissant sans vouloir rien faire ; au lieu que les Heures & les Graces qui répandent les fleurs & les parfums, les Enfans qui servent les mets, & les autres ministres du Repas, dans une attitude sérieuse & appliquée, ont l'air froid & tranquille, les yeux calmes & doux, la contenance composée & attentive ; car la diversité de ces expressions fait le plus beau Contraste qu'on ait jamais vû dans aucun ouvrage de Peinture.

La frise de cette Salle, & les angles des croisées sont tout remplis de semblables chef-d'œuvres peints par Raphaël

& par ses Eléves. On y voit toutes les avantures de Psyché persécutée par Vénus, & tous les triomphes de l'Amour sur chacun des Dieux en particulier. Ce sont les plus beaux corps du monde, les carnations les plus vives & les plus fraîches, les attitudes les plus grandes & les plus expressives ; tellement qu'en levant la tête vers le plafond de cette merveilleuse Salle, on voit, comme d'un seul coup d'œil, tout ce que le Ciel, au sentiment des Anciens, a jamais renfermé de plus grand & de plus beau.

LA GALATHÉE,

Et les autres Ouvrages de Raphaël, qui se voyent dans la Galerie du même Palais.

LA Galathée est le corps de femme le mieux fait qu'ait jamais peint Raphaël d'Urbin ; les contours en sont d'une élégance & d'une douceur charmantes ; & l'on peut hardiment le mettre en parallele avec celui de la Vénus de Médicis, qui est le plus parfait qui soit dans le monde.

La grace avec laquelle elle tient les rênes des Dauphins qui tirent son char ; son air aisé & naturel, & la légéreté avec laquelle elle est emportée sur les eaux sont des choses qu'il faut voir & qu'on ne sauroit décrire.

La Néréide & les Tritons qui sont à sa suite ont ce beau naturel, ces attitudes gracieuses, & cet air de vie ausquels on reconnoît toujours le pinceau du grand Raphaël : Mais, à dire la vérité, quoi qu'il n'y ait pas une de ces figures qui ne soit admirable en elle-même, la Galathée est tellement au dessus, que tous les Demi-Dieux & toutes les Demi-Déesses ne paroîtroient, en comparaison de cette Nymphe, que des mortels & des mortelles.

Tous les autres ouvrages qui se voyent au plafond de cette Galerie, ont été peints, sur

F iij

les desseins de Raphaël, par ses meilleurs Éléves ; ce sont autant de chef-d'œuvres, & l'on voit peu de choses aussi belles à Rome même.

Quoi de plus beau, par exemple, & de plus ingénieusement imaginé, que l'Année qui, sous la figure d'une femme, conduit un char attelé d'un bœuf roux & d'un buffle cendré qui représentent l'un le Soleil, & l'autre la Lune?

L'action de cette femme qui lâche la bride à ces deux animaux & qui les guide de l'œil n'est elle pas d'un naturel & d'un goût merveilleux ? La vie de ce bœuf & de ce buffle n'est-elle pas au dessus de toute expressió?

La Renommée volante au

milieu des airs est encore une piéce excellente; jusqu'aux petits Génies feints de stuc sur un fond noir, tout y est divin, il n'y a personne qui ne croye que ce sont des figures de relief, tout le monde y est trompé, particuliérement à ceux qui sont sur la frise qui est du côté du Jardin : Et c'est une chose bien glorieuse pour Raphaël d'Urbin, que ses Eléves, travaillant sur ses desseins, ayent fait de pareils ouvrages qui sont, au jugement de tout le monde, d'une perfection & d'une beauté à laquelle les Peintres médiocres n'ont jamais sû atteindre, & que les plus grands Maîtres n'ont jamais passée.

F iiij

LE CHRIST DESCENDU DE CROIX.

Tableau qui se voit dans l'Eglise de S. François, à Ripe.

Par Annibal Carache.

JE ne crois pas que, dans ce Tableau qui passe pour le plus beau qu'ait fait le Carache, on puisse rien admirer davantage que les traits & les caractéres divins qui paroissent sur le visage du CHRIST; car de répandre l'expression de la divinité sur le visage d'un homme vivant, c'est toujours une chose tres difficile & qui n'est donnée qu'aux Génies du premier ordre; mais de faire briller cette image, de la maniére la plus vive, jufques fur le vifage effacé d'un homme mort, c'eft le dernier effort du plus grand Génie du monde pour la Peinture ; & ce chef-d'œuvre eft l'ouvrage du grand Carache dans le CHRIST de ce Tableau.

Le corps de ce CHRIST eft peut-être le plus beau corps d'homme & le plus parfait qui ait jamais été peint ; on y voit un pinceau tendre, fondu, moëlleux, des teintes noyées imperceptiblement, une fuavité charmante ; jamais homme vivant ne fut fi beau que ce CHRIST tout mort qu'il eft.

La fainte Vierge & la Magdeleine qui sont aussi peintes dans ce Tableau ont une majesté infinie. La douleur de l'une & de l'autre est également grande, mais ce sont deux sortes de douleurs bien différentes.

Celle de la sainte Vierge est une douleur de Mére, qui abîme l'ame, qui étouffe le cœur, qui bouche le passage aux sanglots, & qui tient toutes les humeurs resserrées sans en laisser aller une goutte vers les yeux; c'est un saisissement qui ôte la parole, un abbatement muet, une douleur intérieure & profonde qui n'a pas même le soulagement des pleurs & des plaintes, douleur qui convient parfaitement bien à la meilleure des Méres accablée de la mort d'un Fils le plus aimable & le plus chérement aimé qui fût jamais.

La douleur de la Magdeleine est aussi grande, mais elle est d'un caractére bien différent ; c'est la douleur d'une Amante éplorée qui éclate par les cris & par les transports : La douleur intérieure de la sainte Vierge paroît par la pâleur & par la seicheresse de son visage ; au lieu que celui de la Magdeleine est tout enflammé, & tout baigné de pleurs ; c'est une douleur égale, mais plus libre & qui, aidée des forces de la nature dans une personne plus jeune, se soulage elle-même par les larmes qu'elle fait couler en abondance.

Enfin il n'y a rien que de grand & de noble dans ce Tableau; & nul ouvrage de Peinture n'eſt mieux entendu, ſoit pour l'ordonnance des figures, ſoit pour l'expreſſion des paſſions, ſoit pour la diſtribution des lumiéres & des ombres.

FRESCATI.

FRESCATI est l'ancien *Tusculum* des Latins ; ou, du moins, les Fauxbourgs de *Tusculum* venoient jusqu'à l'endroit où est présentement Frescati.

Cet agréable lieu tout semé des maisons de plaisance des plus grands Seigneurs Romains, est à mi-côte d'une délicieuse montagne formée d'un amas de collines où l'on monte insensiblement de l'une sur l'autre. C'est où se termine, de ce côté-là, la campagne de Rome qui fait paroître Frescati encore plus beau qu'il n'est; car cette campagne est tout à fait inculte, seiche, noire & aride; tellement qu'après l'avoir passée, lors qu'on rencontre des arbres & des eaux, de la fraîcheur & de l'ombrage, on en trouve Frescati de la moitié plus charmant.

Là, on a devant soy toute la campagne de Rome qui est véritablement assez vilaine, mais au bout de laquelle on voit Rome, comme, de Meudon, on voit Paris; &, sur la gauche, on découvre la Mer Méditerranée qui est ordinairement couverte de Barques. Voilà quelles sont les beautez générales de Frescati. Venons maintenant aux particuliéres.

LA GERBE D'EAU,

communément appellée, la Girandole,

ET

LE CABINET D'APOLLON ET DES MUSES,

Qui se voyent à la Vigne nommée Belvédére.

LA plus belle chose qu'on voye à Belvédére, pour les eaux, est la Gerbe dont l'eau sort de son tuyau avec tant de violence, que changée en écume & brisée en des millions de gouttes, elle retombe toute semblable à de la grêle; & les vents pratiquez par le moyen des tuyaux souterrains sortant avec l'eau de la Gerbe, font un bruit qui imite si parfaitement celui du tonnerre, qu'il semble que véritablement il tonne & il grêle en même temps, & qu'un orage réel fasse crever les nuées en cet endroit.

La Grotte où tout cela se passe se nomme L'ENCELADE, parce qu'on y voit un Encélade qui porte le monde sur ses épaules.

A quelques pas de cette Grotte, on voit le Cabinet d'Apollon & des neuf Muses, où il y a une Orgue que l'eau & des vents artificiels font joüer. Les vents font résonner les tuyaux ; & l'eau faisant tourner des roües dont les crans font baisser les touches du Clavier, on entend deux piéces d'Orgue des plus belles du monde exécutées de mesure, avec tous leurs accords, dans toute la propreté & avec tous les agrémens que leur pourroient donner les plus habiles Maîtres.

LA GERBE D'EAU, ou GIRANDOLE,

Qui se voit à la Vigne du Duc de Gadagnole.

CETTE Girandole d'eau imite parfaitement les Girandoles de feu qu'on voit, aux jours de réjoüissance, en Italie; car, en même tems que l'eau jaillissante forme en s'élevant une Gerbe entiérement semblable à celles que font les fusées des Girandoles, les vents artificiels qui sortent par le même tuyau que l'eau, font un bruit tout pareil à celui des fusées ; tellement qu'on croit aussi véritablement entendre le bruit des fusées lors qu'on voit joüer cette Girandole, qu'on croit entendre celui du tonnerre à celle de Belvédére.

LE SAINT JERÔME.

Tableau qui se voit dans l'Eglise de saint Jérôme de la Charité, près le Palais Farnêse.

Par le Dominiquin.

CE Tableau est haut de dix-sept palmes, large de onze, & les figures en sont grandes comme nature.

Jamais aucun mortel ne parut revétu de caractéres plus respectables que ceux que le Dominiquin a donnez à ce S. Jérôme. C'est un Vieillard à qui le nombre des années ne laisse plus qu'un souffle de vie; un pauvre tout nud, & réduit dans une Grotte où il est dépoüillé de toutes choses; mais le Peintre lui a donné tant de dignité, qu'il n'y a forte de respect qu'il n'inspire par l'air grand & vénérable qu'il conserve jusques dans les ruines d'un corps tout cassé de vieillesse, & autant exténué par les austéritez, que par la maladie.

Une sage Matrône prosternée à côté de lui prend humblement un de ses bras pour baiser sa main avec respect; cette seule action éléve l'état de ce saint Prêtre, tout pauvre qu'il est, au dessus de toute la magnificence humaine; & fait voir qu'il ne perd rien de sa grandeur, ni de la vénération qu'on lui doit, même par la plus extrême pauvreté à laquelle on le voit réduit.

Enfin l'on peut assurer que le Dominiquin a élevé ses pensées jusqu'au sublime dans cet ouvrage ; & que ce Tableau ne le céde à aucun de ceux du grand Raphaël d'Urbin, ni pour l'expression du sujet en général, ni pour celle des figures en particulier, ni pour le goût & la correction du dessein, ni pour la simplicité & la variété des airs de tête ; ni même, je le dirai hardiment, pour la noblesse & pour la grace.

LES TROIS ENFANS, OU LES SAISONS.

Groupe antique qui se voit au Palais Justiniani.

Ces trois Enfans sont tirez d'un même bloc de marbre, mais d'un marbre si blanc, qu'on le prendroit pour de l'albâtre s'il n'avoit un poli admirable que le plus bel albâtre ne sauroit recevoir.

Ils sont couchez dans un bassin de marbre noir, ce qui fait encore d'autant plus éclater leur blancheur.

Ils sont tous trois nuds; & le Sculpteur, par l'attitude différente qu'il leur a donnée, a eû dessein de représenter les trois tems différents des diverses Saisons de l'Année.

L'un est couché & étendu sur le dos, bras & jambes tout ouvertes, comme peuvent être les enfans lors qu'ils meurent de chaud, & représente l'Eté.

Un autre est tout ramassé, ayant la tête & les genoux dans l'estomac, & se fourant tant qu'il peut sous les autres pour s'échauffer, & représente l'Hiver.

Le troisiéme enfin qui représente l'Automne & le Printemps a les membres moins développez que le premier, mais aussi moins ramassez que le second, n'ayant ni chaud ni froid, à ce qu'il paroît, &

144 LES MONUMENS
tenant le milieu entre les deux Saisons extrêmes.

Ces trois petits corps semblent s'enfoncer l'un dans l'autre comme s'ils étoient véritablement de chair; il n'y a pas, dans tout Rome, un plus joli groupe, d'une invention plus ingénieuse, ni d'un travail plus fini.

JESUS-CHRIST DEVANT PILATE.

Tableau qui se voit dans le même Palais.

Par Titien Vecelli, communément appellé le Titien, *né dans le Cadorin petite Province du Frioul en Italie.*

JEsus-Christ, dans ce Tableau, est representé devant Pilate, comme un accusé devant son Juge. Pilate l'interroge; &, pour l'attitude d'un homme qui questionne, rien ne sauroit être plus vivement exprimé.

Quant à Jesus-Christ, le Titien lui a véritablement

donné l'air d'un prisonnier, mais c'est l'air d'un prisonnier qui ne se sent coupable de rien : Il a bien la modestie d'un suppliant devant son Juge; mais il a, en même temps, la contenance d'un homme qui n'a rien à craindre de la plus sévére justice. Il est lié & garrotté comme un criminel & un coupable ; &, avec tout cela, il imprime du respect à son juge même, parce qu'on découvre, en toute sa personne, les caractéres non seulement du plus juste & du plus innocent de tous les hommes, mais encore de l'auteur même de l'innocence & de la justice.

Au reste, le coloris de ce Tableau est d'un goût si excellent, que le Titien qui semble avoir été produit par la Nature pour faire voir jusqu'où cette partie de la Peinture pouvoit être portée, n'en a plus fait éclater la force & la beauté dans aucun de ses ouvrages, que dans celui-ci.

Les carnations y sont fraîches, vigoureuses & sanguines, mais d'un sang pur accompagné de cette force & de cet embonpoint qui les rendent si naturelles.

On y voit, en quelques endroits, cet éclat & cette vivacité de couleurs dont le choix est si fier & si net: &, en d'autres, cette diminution de teintes que cause l'interposition de l'air ; & ce judicieux affoiblissement de lumiéres & d'ombres, seul capable de produire les divers degrez d'éloignement qui font fuir ou avancer toutes les parties d'un Tableau, qui améne vers nous ce qui doit venir sur le devant, qui chasse ce qui tourne & qui doit rester sur le derriére, qui arondit si bien les corps ; & qui fait que leurs contours & leurs extrémitez se perdent, comme par un détour si insensible, qu'il semble qu'on aille voir, dans ses figures si bien détachées de leur fond, mêmes ce qui en est caché*, & que l'œil aille tourner tout autour d'elles ; en un mot les

---

* Sic enim desinere debet extremitas, ut promittat alia post se, ostendatque etiam quæ occultat. Plin. l. 35. c. 10.

plus charmans effets de cette merveilleuse entente de la Perspective aërienne qu'il possédoit aussi-bien que la Perspective linéale.

On y voit ce Contraste agréable au milieu duquel il a si judicieusement conservé l'union & l'accord des couleurs.

Celles qu'on appelle locales y sont recherchées avec une savante fidélité ; mais de ces recherches fonduës & presqu'imperceptibles, qui ne peuvent partir que d'un pinceau, comme le sien, libre, prompt & leger.

Les oppositions y sont fiéres & suaves tout ensemble ; & les touches si spirituelles, si précieuses, & avec cela, si conformes au caractére des objets, que la douce harmonie & le charmant concert qui en ré-sulte, force tous les Connoisseurs à avoüer que personne n'a approfondi, avec plus de succès, l'essence de la Peinture, & n'a mieux pénétré les mystéres de son art, que lui

LE SATYRE,
Statue antique,
Qui se voit à la Vigne Ludovisio.

JAMAIS Satyre vivant, s'il est vrai qu'il y en ait eû, n'a été plus Satyre que celui-ci; c'est la plus belle expression & la plus vive qui soit jamais tombée dans l'esprit humain: Les yeux, l'imagination, l'ame, tout est saisi à la vuë de cette Statue ; & il y a un esprit & une vie, dans cet ouvrage, qui semblent aller au delà de la nature même, tant il est animé.

Tout ce qui peut se connoître, par la physionomie,

des ruses d'un vieux Renard, de la malice d'un vieux Singe, de la pétulance d'un Satyre, tout cela est vivement exprimé dans l'air de celui-ci ; ferme sur ses jambes quoi que menuës, il se présente avec une prestance assurée ; bravant, avec la moitié de son corps de bouc, les hommes mêmes ausquels il semble insulter avec son air plein d'une impudence gaye, & d'une effronterie contente: vous diriez qu'il sort de sa Grotte pour attraper quelque Nymphe au passage ; & que, seûr des piéges qu'il fait leur tendre, il n'en manque pas une.

Pour moi, je suis persuadé que les Anciens ont vû des

Satyres réels sur lesquels ils ont fait ces belles images qu'ils nous en ont laissées ; il n'est nullement surprenant que la brutalité des hommes ait enfanté ces sortes de monstres dans le Paganisme : D'ailleurs d'où leur seroit venu le dessein de faire un animal moitié homme, moitié chévre ? Une pareille idée peut-elle jamais venir dans l'imagination, si on n'a rien vû de semblable dans la nature ? Cependant, on voit une infinité de ces Satyres faits par les Anciens.

La Sainte Vierge.

Tableau qui se voit à un des Autels de Sainte Marie Majeure.

Par le Guide.

CE Tableau n'est qu'une copie de celui qu'a fait le Guide ; on ne sait pas trop bien ce qu'est devenu l'original : quoi qu'il en soit ; à en juger par cette copie, on peut dire que c'est moins une Image de la Vierge, qu'une expression de la délicatesse du Peintre qui l'a fait.

Les mains de la Sainte Vierge sont les plus belles que le Guide ait jamais faites ; & la maniére dont il lui fait tenir le linge dans lequel l'Enfant Jesus dort, met la beauté de ces mains dans tout son jour.

Au reste, de quelque prix que soit l'auguste dépôt que contient ce linge, l'air délicat dont la Vierge le soutient semble le rendre encore d'un plus haut prix; & l'on ne peut tenir la chose du monde la plus précieuse d'une maniére qui en fasse mieux sentir le précieux.

Enfin l'on ne sauroit trop admirer, ici, le talent merveilleux qu'avoit cet excellent Peintre pour je ne sai quelles tendresses dans les extrémitez où il dessinoit certaines parties dont la délicatesse semble avoir échapé au pinceau des autres.

L'Assomption de la Sainte Vierge.

Tableau qui se voit au Plafond de l'Eglise de Sainte Marie *in Trastevere.*

Par le Dominiquin.

CE Tableau est une de ces Peintures charmantes qui plaisent, dès le premier moment qu'on les regarde, autant par le Coloris, que par le Dessein.

La Sainte Vierge, les yeux tournez & les bras étendus vers le Ciel, avec une action pleine de feu & d'ardeur, y semble plutôt monter par la force de ses desirs, que par le secours des Anges qui l'y élévent.

Toute son ame paroît être réünie dans ses yeux ; & le regard qu'elle porte vers les Cieux semble détacher cette ame de son corps, & la transporter dans le sein de Dieu.

Je ne sai quelles traces d'une splendeur divine répanduës sur son visage & dans toute sa personne, font paroître son corps déja tout céleste, glorieux & immortel ; & quoi qu'à voir la vîtesse du mouvement avec lequel ce corps est enlevé, on diroit qu'il n'a plus rien de sa pesanteur naturelle, il semble néanmoins que son ame impatiente d'atteindre au terme de sa gloire, s'efforce de devancer le corps par des élancemens encore plus rapides que quelque mouvement corporel que ce soit.

Les petits Anges qui sont sous les pieds de la Sainte Vierge sont d'une beauté charmante ; ce sont véritablement des Anges, & la nature humaine n'a jamais rien produit de si beau.

Au reste, toutes les couleurs de ce Tableau sont aussi vives & aussi fraîches, que s'il venoit d'être fait ; & il me semble qu'on y entrevoit je ne sai quelle vigueur harmonieuse qui paroît être à l'épreuve de toutes les altérations que le tems a coutume d'apporter à ces sortes d'ouvrages.

FAUSTINE LA JEUNE.

Statue Antique,
qui se voit à la *Vigne Mathéi*.

LA RELIGION.

Statue qui se voit au Tombeau de Paul III. dans l'Eglise de S. Pierre au Vatican,

Par Guillaume de la Porte*, Lombard.

PARALLELE DE CES DEUX STATUES.

LA Statue de Faustine la jeune, femme de l'Empereur Marc-Aurêle le Philosophe, est, au jugement de tous les Connoisseurs, une des plus

---

* Il étoit Eléve de Michel-Ange Buonarotti; il fit cette Statue suivant le dessein que lui en donna Annibal Caro Poëte fameux.

excellentes Antiques qui soient à Rome.

Faustine y est représentée comme une des plus belles femmes qui ayent jamais été au monde ; elle est grande, sans être hommasse ; d'une taille tres fine, sans être maigre ; & a de l'embonpoint, sans être grossiére.

Imaginez-vous le corps le mieux formé qui fût jamais, enveloppé seulement d'une écharpe de femme par dessus un habillement de quelque étoffe de soye, sans chemise ; car les extrémitez du voile qui couvre Faustine depuis la tête jusqu'au milieu du corps, tombent sur ses bras par-devant comme les bouts des écharpes des Dames Françoises ; cet espéce de voile, excepté qu'il couvre la tête, a la même tournûre & le même air, que ces écharpes : Et le reste du corps est mollement enveloppé d'un habillement long & majestueux qui l'entoure d'une maniére noble & naturelle.

Figurez-vous enfin le plus beau corps du monde assez habillé, pour ne pas choquer la pudeur ; & vétu d'une étoffe assez déliée, pour en laisser voir toute la beauté ; une draperie qui couvre depuis le haut de la tête jusqu'au bout des pieds, & en même tems si mince qu'on voit toute la beauté du corps à travers ; en sorte que cette femme a, tout ensemble, les graces de la modestie, & le charme de la nudité.

On ne sauroit se lasser d'admirer le caractére de beauté que le Sculpteur a répandu dans son air & dans toute sa personne ; ce sont des charmes modestes, flateurs, & en quelque façon timides ; plus tendres que brillants ; doux, & néanmoins forts ; vifs, sans être éblouïssans ; pénétrans, sans avoir rien que d'humain.

La Statue qui représente la Religion au Tombeau de Paul III. est une beauté toute opposée à celle-ci. Pour moi, je ne crois pas qu'il y ait, ni qu'il y ait jamais eû sur la terre, une femme aussi belle qu'est cette Statue : C'est une beauté telle que l'imagination qui a la liberté de se former des phantômes à plaisir, peut s'en faire une en se joüant; ou plutôt telle qu'un bel Esprit peut se la figurer, lors qu'élevant ses idées au dessus de la nature toujours défectueuse, il s'enchante lui-même en se représentant, sous de charmantes images, les choses aussi parfaites qu'elles le pourroient être, & moins comme elles sont, que comme il souhaitteroit qu'elles fussent : quoi qu'il en soit, cette beauté est d'un caractére tout différent de la Faustine.

C'est une femme jeune,

vive, brillante, & d'un tres-grand éclat, qui efface tout ce qui l'approche, qui éblouït, & qui ravit; au lieu que la Faustine n'a, pour attraits, que la douceur, la tendresse, & la modestie.

La Religion emporte le cœur sans le laisser déliberer, sa beauté impérieuse l'enlevant rapidement par des charmes tout-puissans à qui rien ne peut résister. La Faustine, au contraire, laisse sentir le plaisir qu'on goûte à la voir, les yeux ont la liberté de réfléchir sur tous les charmes dont ils sont occupez, sur toutes les graces qui les enchantent; & cette beauté, par des agrémens plus tempérez, mais dont il est aussi impossible de se deffendre, pénétre plus l'ame, & lie davantage le cœur : En un mot, il semble que si on est plutôt emporté par l'autre, on se donne plus volontiers à celle-ci ; que si la premiére enléve le cœur, il se livre lui-même à la seconde ; & que si on admire plus la Religion, on aime davantage la Faustine.

La Niobé et ses Enfans,

Ouvrage Antique, qui se voit à la Vigne Médicis.

Par Praxitele * Sculpteur Grec.

ON ne trouvera, ni à Rome, ni en Italie, ni en aucun lieu du monde, un si grand amas d'excellentes Statues, dans un aussi petit espace qu'est celui-ci.

Chacun sait la fable de Niobé, sa vanité, & sa punition; on en a lû la description dans Ovide ; mais nulle description n'en formera jamais, dans l'esprit, une idée pareille à celle qu'en donne la vuë de ces pré-

Ovide Metam. l. 6.

* Du tems de Pline, la plûpart des Connoisseurs attribuoient cet ouvrage à cet excellent Sculpteur. Plin. l. 36. c. 5.

cieux Monumens de l'ancienne Sculpture.

Ce sont quinze figures ensemble qui représentent Niobé & tous ses Enfans; on en voit quelques-uns percez par les fléches vangeresses d'Apollon, d'autres déja tuez & étendus par terre; ceux-ci se baissant pour éviter les coups, ceux-là croyant les parer par la posture où ils se mettent; l'un fuyant, l'autre blessé, celui-ci mourant, celui-là déja sans vie : Et tout cela, avec des actions si vives, & dans des attitudes si naturelles, qu'en se trouvant au milieu de toutes ces figures dont l'une prend l'épouvante, l'autre la fuite, il ne semble plus que ce soient des Statues, mais des personnes véritables ; tellement qu'on ne peut s'empêcher de prendre part à leurs sentimens, d'être saisi de leur épouvante, allarmé de leurs allarmes, & agité de leurs divers mouvemens.

C'est une chose admirable que la situation de tant de personnes fuyantes, effrayées, mortes, ou mourantes, qui, dans des actions & dans des états si différents, sont néanmoins si bien placées, qu'elles ne s'embarrassent point l'une l'autre; & qu'on les peut envisager également bien, séparément, ou toutes ensemble formant un Groupe de figures si judicieusement disposées, que, d'un
seul

seul coup d'œil, on voit toute cette histoire comme si elle se passoit en notre présence.

Sans entrer dans le détail de ce grand ouvrage qui iroit à l'infini, on peut dire en général que le Sculpteur y a excellemment bien exprimé la vie, la mort, & l'agonie, dans les divers personnages qui le composent dont les uns sont expirans, les autres morts, les autres non encore frappez des fléches mortelles ; la frayeur dans ceux qui sont épouvantez ; le mouvement dans ceux qui courent ; l'immobilité dans la Niobé changée en Rocher.

Rien n'est plus leger que ceux qui fuyent ; & rien n'est

H

plus souple que ceux qui se contournent.

La taille fine des filles de Niobé, leur air dégagé, & leur posture en action de fuir les fait paroître comme en l'air, & voler plutôt que courir, aux yeux de ceux qui les regardent.

On en voit qui sentant le danger, veulent prendre une fuite précipitée, mais qu'une frayeur glaçante arrête & empêche de courir aussi vîte que le péril le demande.

Mais enfin tous les regards s'attachent sur la Niobé pétrifiée, & cette excellente piéce emporte toute l'admiration; aussi est-ce un ouvrage au dessus de tout ce qu'on en peut dire, & le sujet du monde le plus difficile, pour l'expression : Car, si on admire qu'un Statuaire donne de la vie & du mouvement à une pierre dont il fait un homme qui par conséquent doit être une figure mouvante & animée, je trouve qu'il est bien plus admirable & bien plus difficile de faire, d'une pierre, une figure qui paroisse, tout ensemble, une personne véritable & une personne pétrifiée.

C'est-là assurément le chef-d'œuvre de la Sculpture ; qu'on y pense bien ; il est beaucoup plus aisé de faire paroître une pierre, un homme plein de vie, que d'en faire un homme qui paroisse, tout à la fois, & un

H ij

homme véritable & une pierre véritable, ce qu'il faut cependant faire pour repréfenter une perfonne pétrifiée comme eft la Niobé; car il a fallu que le Sculpteur ait tellement changé la pierre qu'il travailloit, qu'elle femblât être devenuë une femme; qu'enfuite il ait tellement changé cette femme, qu'elle femblât être redevenuë une pierre; & qu'enfin elle parût être, tout enfemble, & une pierre & une femme, comme elle le paroît.

Au refte, cette Statue eft beaucoup plus grande que les autres fur lefquelles elle a même un air dominant; elle eft placée fur l'endroit du terrain le plus élevé; toutes les autres figures semblent être faites pour celle-ci, & se réünir à elle comme à la principale: Aussi a-t-elle un air si grand, si noble, & si plein de majesté jusques dans sa douleur & dans son déséspoir, que Latône & toute autre Déesse, sans en excepter même Junon, semblent le devoir céder à une pareille mortelle.

Enfin rien n'est plus admirable que toutes ces excellentes Statues ou considérées séparément en elles-mêmes, ou par le rapport qu'elles ont les unes aux autres, ou par celui qu'elles ont toutes en général avec la Niobé.

Quel amas de beautez & de

chef-d'œuvres dans un espace de vingt ou trente pieds ! Il y auroit là de quoi parer tout un grand Royaume ; cependant, ce n'est que l'ornement d'un coin d'un jardin de Rome.

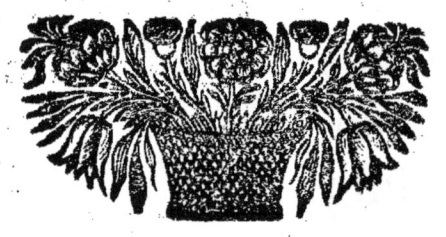

EPITAPHE

Qui se voit dans l'Eglise de la Minerve,

Par le Cavalier Bernin.

CETTE Epitaphe est un caprice ingénieux où, comme dans tous les autres ouvrages du Bernin, on voit de l'élégance, de la noblesse, & je ne sai quoi de singulier & de nouveau qui part d'un génie qui invente tout ce qu'il fait, & qui ne copie rien d'après personne comme font la plûpart des autres Sculpteurs; car cette Epitaphe attachée à un des Piliers de la Minerve est de ce caractére.

C'est une grande piéce de marbre noir dont il a fait une Nape étenduë & volante, ou plutôt un grand Tapis bouillonné & noüé par en haut lequel, en tombant, forme quantité de plis négligez & d'une grandeur qui lui donne une majefté infinie. L'infcription eft gravée en caractéres d'or fur ce marbre noir ; jamais on n'inventa rien de plus noble pour une fimple Epitaphe: Jufques dans les caprices & les jeux des grands hommes on trouve plus de goût & de génie, que dans les ouvrages les plus méditez des autres !

LA FONTAINE DE MONTORIO.
Par le Cavalier Fontana, & par Charles Maderne.

QUAND on voit cette superbe Fontaine, on hésite à laquelle des deux on ajugera le prix de la magnificence, ou à celle de la Place Navône dont nous allons donner la description, ou à celle-ci.

C'est une Riviére entiére qui sort par cinq bouches pratiquées dans une espéce de Portail, ou d'Arc de Triomphe; & cette Riviére étant ainsi partagée, il semble que c'en soient trois accompagnées de deux Torrens.

Cet Arc a cinq Portes ornées des plus belles Colomnes de granite Oriental qui se puissent voir, & est beaucoup plus haut, plus large, & plus grand que tous les Arcs de Triomphe qu'on ait jamais faits.

Les Torrens d'eau, par leur mouvement continuel & par le bruit de leur chutte, semblent animer ce magnifique morceau d'Architecture ; nul ouvrage de cette étenduë, Ancien ou Moderne, n'a plus de majesté & de grandeur; &, pour la situation, il n'y en peut avoir au monde de plus favorable, étant élevé sur *Montorio*, le Janicule des Anciens Romains, lequel semble dominer tout Rome de ce côté-là ; de sorte que, de tous les endroits d'au de-là du Tybre, on voit ce superbe ouvrage étallé comme en spectacle à tous les yeux.

La Fontaine de la Place Navône.

Par le Cavalier Bernin.

C'EST ici un de ces ouvrages modernes qui peuvent être mis en parallele avec ce que les Anciens Romains ont fait de plus beau pour l'ornement de la vieille Rome; & l'on pourroit même douter qu'ils eussent jamais rien fait de si beau pour un pareil sujet.

Le génie, le bon goût, la grandeur, tout est ramassé dans cet ouvrage; & jamais, pour une Fontaine, on ne forma un dessein si grand & si majestueux.

Quatre Colosses de marbre y représentent les quatre plus grands fleuves du monde, le Gange, l'Euphrate, le Nil, & le Danube ; ces quatre figures sont d'un dessein admirable, & formées, avec un art tout singulier, pour figurer symboliquement ces fleuves ; le Nil sur-tout qu'on reconnoît à ses Crocodiles, est encore plus ingénieusement caractérisé par sa Tête enveloppée & à moitié cachée, ce qui figure admirablement ce fleuve, dont la Source n'est pas trop bien connuë.

Les quatre Colosses sont couchez & étendus sur les quatre coins d'un grand Rocher de marbre si rustique, qu'il semble que ce soit une véritable Roche.

De dessous ces fleuves il sort, par des fentes faites exprès, des Napes d'eau tres vastes, mais d'une maniére irréguliére quoi que la plus agréable qu'on puisse voir ; ce qui fait paroître le Rocher encore plus naturel, aussi-bien que l'eau qui en sort comme par des Crevasses qu'il semble qu'elle ait faites elle-même dans le Roc, pour s'y ouvrir un passage: Ces Napes d'eau sont si larges, qu'une seule suffiroit pour faire une tres grosse Fontaine ; cependant il y en a quatre toutes également abondantes.

Le Rocher est percé de part en part de deux côtez & voûté, formant ainsi une Caverne dont le fond se remplit de l'eau des quatre Fontaines qui sont dessus.

Un Lion de marbre y boit d'un côté, & un Cheval Marin sort de l'autre ; & ces deux figures sont deux chef-d'œuvres dans leur genre, aussi-bien que les quatre Statues colossales.

Le Cheval Marin semble se secoüer en sortant de l'eau, aller avancer hors de la Caverne, & s'élancer dans la Place, tant il a de légéreté & de feu !

Le Lion paroît échauffé du carnage ; avide & altéré, il croit qu'il ne trouvera jamais assez d'eau pour étancher sa soif; il élargit ses pattes; il étend sa poitrine, comme pour donner plus de volume à ses poumons qui semblent aller épuiser le réservoir, & mettre la Caverne à sec.

Les Anciens n'employoient qu'une seule statue pour représenter un grand fleuve; ici, quatre Colosses servent à la décoration d'une seule Fontaine; quelle magnificence & quelle grandeur?

L'attitude des Dieux de Fleuves étoit uniforme chez les Anciens; c'étoit toujours un Vieillard à longue barbe, appuyé sur une Urne, le corps couché & étendu; ici, tout est varié, & les quatre Statues ont des attitudes toutes différentes les unes des autres.

Enfin tout cet ouvrage est comme couronné par un Obélisque qui étant élevé sur la cime du Rocher qui sert de base à un pied-d'estal fort haut, le fait paroître comme un des plus grands Obélisques de Rome ; tellement que le Bernin déploye plus de magnificence dans ce seul morceau d'Architecture, que la plupart des autres Architectes n'en ont sû faire paroître dans les ouvrages les plus vastes & les plus étendus.

LES JOUEURS,
Tableau qui se voit au Palais Barberin.

Par Michel-Ange Merigi, communément appellé le Caravage, né à Caravage Bourg dans le Milanois.

IL n'y a que trois figures dans ce Tableau ; savoir deux Filous, & un jeune homme fort simple dont ils attrapent l'argent.

La simplicité sotte & la Niaiserie ne sauroient jamais être mieux représentées qu'elles le sont dans la physionomie du jeune homme qui se laisse duper.

La ruse & la fripponnerie ne

peuvent être mieux peintes, qu'elles le font dans celle du Joüeur qui filoute.

Il y a un second filou qui ne joüant point, est d'intelligence avec celui qui joüe; il est entre les deux Joüeurs; & regardant les cartes du jeune homme dupé, il marque, par ses doigts, les points de son jeu, à l'autre; ce second filou est beaucoup plus âgé que celui qui joüe; & a, dans ses rides, certains airs d'un fourbe encore plus rufé que l'autre, d'un frippon plus consommé, d'un scélérat qui a vieilli dans le métier; c'est un passe-fin, un chef de filous, un Maître Voleur en comparaison de qui l'autre, tout aigrefin qu'il paroisse, n'est qu'un apprenti frippon.

En un mot, toutes les expressions de ce Tableau sont si naturelles & si parfaites, qu'on comprend, tout d'un coup, le génie, le caractére, & les actions des personnes qui le composent ; & qu'un enfant même, sans qu'on lui dît rien du sujet, verroit bien que c'est un sot que deux Filous attrapent.

Enfin, on trouve dans cet Ouvrage, comme dans tous les autres du Caravage, cette maniére également douce & forte qu'il s'est faite lui-même, sans avoir rien emprunté des autres Peintres ; car il joint, par-tout, merveilleusement une force terrible à une agréable suavité ; c'est le pinceau le plus ferme & en même tems le plus moëlleux qui fût jamais.

Ses couleurs locales sont tres recherchées ; ses lumiéres & ses ombres distribuées, avec toute l'intelligence possible, sur chacun des objets, & sur les Masses entiéres ; ses dispositions excellemment bien contrastées & liées de groupes ; ses Compositions judicieusement ordonnées, & dans toutes les bien-séances qui leur conviennent ; sa maniére d'un grand effet, son travail fini avec une extrême exactitude ; &, pour ce qui est du Clair obscur, il en a poussé si loin la science & la pratique, que Rubens même qui, au jugement de bien des gens, l'a emporté sur tous les autres Peintres par sa capacité dans cette partie, reconnoît qu'en cela le Caravage est son Maître; aussi rien n'est-il plus agréable que les gracieux repos qui se trouvent, par là, dans ses ouvrages.

D'ailleurs, sans trop agiter ni tourmenter ses Teintes, sans les corrompre ni les détruire comme ont fait tant d'autres, par le mouvement d'une main pesante, il a sû les lier, les noyer tendrement, les fondre & les incorporer les unes dans les autres; & donner, par ce moyen, une si prodigieuse vérité aux objets, qu'il les a pour ainsi dire, rendus palpables, & que tout le monde est forcé d'avoüer que la nature ne sauroit être mieux copiée, qu'elle l'est dans tout ce qu'il a peint.

TESTE DE S. PIERRE.

Tableau qui se voit au Palais Pamphile.

Par Annibal Carache.

IL est impossible de voir une expression plus vive & plus parfaite de la Contrition, que celle que le Carache a donnée à ce saint Pierre qui pleure son péché.

C'est le repentir le plus amer, & le serrement de cœur le plus douloureux du monde.

L'ame de cet Apôtre toute pénétrée d'amertume, paroît sur son visage contrit & abîmé encore plus de la douleur

qui

qui y est peinte, que des larmes qui le noyent.

Ces larmes sont si vraies & si naturelles, qu'on ne pourroit faire davantage avec de l'eau, quand on y en mettroit de toute fraîche ; elle ne seroit point différente ni pour la liquidité, ni pour la transparence ; jamais on n'a vû un visage ni des yeux mieux mouillez par des larmes réelles & effectives ; & chacun est tenté d'y porter les doigts, pour voir si l'œil se trompe.

LE CRUCIFIEMENT DE S. PIERRE.

Tableau qui se voit à S. Paul des trois Fontaines, hors de Rome.

PAR LE GUIDE.

SOIT la force des ombres, soit le tems qui ait noirci le fond de ce Tableau, il n'y en a aucun, à Rome, où les figures ayent tant de relief, que dans celui-ci ; tellement qu'en le regardant, on croit voir des bourreaux effectifs qui tiennent, attachent, & crucifient saint Pierre, sans qu'il y ait ni peinture ni tableau, parce que la toile ne paroissant point, tant elle est noire, il semble qu'il n'y ait que les corps que l'on voit avec toute leur rondeur & tout leur relief.

Un des bourreaux se tient au haut de la Croix renversée, ayant un marteau & un grand cloud tout prêt pour attacher les pieds de l'Apôtre, lorsqu'un autre bourreau qui les fait monter avec une corde, les aura élevez assez haut ; & le troisiéme bourreau soutient la tête & les épaules, pour faciliter l'élévement & aider celui qui tire la corde.

Il semble que le sang quitte, à vuë d'œil, les pieds & les jambes pour tomber tout dans la tête qui est en bas, & dans les parties du corps qui en sont les plus voisines ; la peau du crâne & le visage en sont déja tout rouges ; le cou & l'eſtomac en ſont auſſi rougis, mais d'un rouge moins fort que celui du viſage & de la tête où il eſt deſcendu une bien plus grande quantité de ſang.

D'autre côté, la plante des pieds eſt, de pluſieurs nuances, plus blanche que les jambes, parce que le ſang en eſt ſorti plutôt, & eſt deſcendu plus bas.

Enfin, ces couleurs de blanc & de rouge ſont diſtribuées avec une proportion ſi judicieuſe, qu'il ſemble que la rougeur du viſage s'augmente, & que les jambes blanchiſſent & pâliſſent de plus en plus à meſure qu'on demeure plus de tems à les regarder.

Au reste, quand on ne sauroit pas, d'ailleurs, que le Guide n'obtint, du Cardinal Borghêse, la préférence sur les autres Peintres qui se présentoient pour faire ce Tableau, qu'à condition qu'il le peindroit dans la maniére du Caravage qui plaisoit si fort alors, il seroit aisé de la reconnoître à ce goût fort & obscur qui y régne; mais qui est, par-tout, accompagné de cette noblesse & de cette grace qui font le caractére propre du Guide.

LE MOÏSE,

Statue qui se voit au Tombeau du Pape Jules II. dans l'Eglise de Saint Pierre aux Liens.

Par Michel-Ange Buonarotti.

CE Tombeau auroit été un des plus magnifiques Ouvrages de Rome s'il avoit été achevé suivant le dessein qu'en avoit fait Michel-Ange ; son Moïse en est le plus grand ornement ; & cette excellente Statue qui est plus grande que le naturel, est la plus majestueuse qu'ait produit la Sculpture Moderne.

Cette barbe vénérable, si longue, si bien tournée, donne à Moïse une grandeur & une majesté infinie, mais une majesté fiére & ferme, une grandeur impérieuse & dominante.

Tout ce que les anciens Sculpteurs & les anciens Poëtes ont donné de grand & de vénérable à leurs Dieux de Fleuves, à leurs Dieux Marins, à leur Neptune même, est au dessous de ce que Michel-Ange en a donné à son Moïse.

Nulle description, nul habillement de Theâtre où l'art des génies les plus propres à cela a souvent été épuisé, n'a jamais fait paroître une expression si noble d'une si grande majesté, ni une si vive image de Divinité.

Le Pompée du Palais Spada, & les Conquérans de l'ancienne Rome ne sont point si grands, dans leurs Statues, que ce Législateur du Peuple de Dieu. On ne sauroit, par tous les termes & toutes les expressions du monde, parvenir à former l'idée que la vuë de cette figure imprime dans l'esprit de tous ceux qui la voyent; c'est la grandeur & la majesté mêmes, sous la figure de Moïse.

La Transfiguration de N. Seigneur.

Tableau qui se voit à Saint Pierre *Montorio*.

Par Raphaël d'Urbin.

Ce Tableau a douze pieds & cinq poulces de haut, sur sept pieds & neuf poulces & demi de large ; & il a ceci de particulier, qu'on n'y voit rien qui surprenne d'abord, n'ayant aucun de ces traits éblouïssans qui se font admirer, au premier aspect, par tous ceux qui les regardent ; mais que plus on a d'intelligence dans l'Art de la Peinture, plus on y découvre de beautez qui font avoüer à tous les Connoisseurs, que cet ouvrage est non seulement le Chef-d'œuvre de Raphaël d'Urbin, mais encore le Triomphe même de la Peinture.

Les Peintres vous diront que c'est le Tableau le plus parfait qui soit au monde, pour la correction du Dessein, pour l'ordonnance du Sujet, pour l'assemblage des Groupes, pour la variété & l'accord des Couleurs dans tant d'habillemens où elles sont diversifiées non seulement dans leur genre de verd, de bleu, de jaune, & de rouge ; mais encore toutes diverses les unes des autres dans les espéces de tant de verds, de bleus, de jaunes, & de rouges de différentes sortes plus fortes ou plus foibles, toutes ménagées avec tant de discrétion, & si bien accordées, qu'aucune ne tranche jamais trop vivement celle auprès de laquelle elle est.

Les mêmes Peintres vous y feront remarquer le corps de cette femme qui est sur le devant du Tableau, laquelle améne à Jesus-Christ son fils qui est possédé du démon, comme un de ces corps si divinement bien dessinez aufquels on reconnoît toujours le grand Raphaël d'Urbin; un de ces corps dont les Contours délicats & gracieux ont une élégance & un naturel d'une beauté qui enchante, de quelque côté qu'il les repréfente, celui-ci qui eft tourné faifant voir une taille la plus libre, la plus aifée, & la plus noble qu'on fe puiffe jamais figurer.

Ils vous diront enfin, que ce feul ouvrage fuffit pour faire connoître que cet excéllent Peintre a entrevû, par la pénétration de fon génie, la néceffité & l'artifice du Clair-obfcur dont il n'a pû puifer l'idée dans aucune des Peintures de fon tems, ni apprendre les principes d'aucun de fes Maîtres qui n'en ont eû abfolument aucune connoiffance : Que la force de fon deffein eft telle dans ce Tableau, que les Contours y font prononcez, avec une netteté &

une précision qui ne laissent rien à desirer, par des traits marquez jusques dans les extrémitez les plus noyées & les plus perduës ; & que cette force est, en même tems, accompagnée de tant de douceur, que jusques dans les parties les plus arrêtées on voit une liberté délicate qui en bannit toute seicheresse & toute dureté : Que la Composition en est noble, riche, abondante, pleine de sagesse & de gravité : Que toutes les Actions y sont exprimées avec grace & avec bien-séance : Que ses Figures ont toutes des mouvemens aisez & naturels ; que, si elles ne sont pas toujours groupées de lumiéres & d'ombres, elles le font, d'une maniére encore plus agréable, par leurs actions; & que, si ses Draperies ont été quelquefois de petite maniére, il y a fait paroître un grand goût & les a sû jetter dans un bel ordre de plis, quand il l'a voulu ; toutes choses qui, à dire la vérité, ne peuvent être parfaitement bien connuës, que par des gens du métier qui sachent l'art & les régles de la Peinture : Mais voici ce que le bon sens & un peu de goût peuvent faire découvrir d'admirable, à tout le monde, dans ce Tableau.

Il est composé de vingt-sept figures, toutes si bien placées, qu'à la réserve de quatre ou cinq, il n'y en a pas une qu'on ne voye toute entiére; contre l'ordinaire de beaucoup de Peintres dans les ouvrages desquels, soit pour avoir voulu éviter le travail, soit pour n'avoir pas sû dégager plusieurs figures dans un même Tableau, on ne voit que beaucoup de têtes derriére quelques personnages qui sont peints de toute leur longueur sur le devant du Tableau : Ici, tout est dégagé; & les figures y sont si judicieusement arrangées, qu'on les voit également bien toutes sans aucune confusion, & sans que l'une couvre ou cache l'autre.

Jamais on ne vit divers Episodes former une action plus aisée à concevoir tout d'un coup, que celle de ce Tableau.

Une mére affligée, accompagnée d'une parente & de quelques Juifs, améne à Jesus-Christ son fils possédé afin qu'il le délivre ; un homme fort & robuste tient cet enfant qui est horriblement agité par les Convulsions de la possession, roidissant les bras, ayant les yeux presque hors de la tête, & les doigts tout retirez & tout crochus, des tourmens qu'il souffre ; il semble qu'on entende ses cris, & que, par contre-coup, on ressente la violence de ses douleurs : toutes ses veines sont enflées, la peau de son corps extraordinairement tenduë, ses muscles gonflez, & toutes les parties de son corps dans un état si violent, que nul autre tourment que celui de la possession ne sauroit visiblement mettre, dans de pareilles Contorsions, un corps humain.

Cette mére trouve les Apôtres seuls, sans JESUS-CHRIST, au pied du mont Thabor; elle leur montre les tortures que souffre son fils ; tous les Apôtres regardent, avec une attention pleine d'étonnement, les Convulsions de cet enfant; mais ne croyant pas pouvoir le délivrer du démon qui le possede, l'un d'eux se contente de montrer à la mére, le chemin qu'a pris leur divin Maître qui s'est retiré sur le haut de la montagne au pied de laquelle ils l'attendent.

La mére montre aux Apôtres son fils qui souffre; les Apôtres montrent, à leur tour, à cette mére, le sommet de la montagne sur laquelle est leur Maître: L'action de la mére fait porter les yeux vers les Apôtres: Celle des Apôtres les fait élever vers Jesus-Christ; & ces deux actions sont si bien liées l'une à l'autre, que le dessein du Peintre est découvert tout d'un coup, & l'histoire du Tableau comprise aussi-tôt que vuë.

Les Têtes des Apôtres & des Juifs venus avec la mére de l'enfant, qui ont toutes des airs si différents, paroissent s'animer toujours de plus en plus à mesure qu'on s'arrête plus long-tems à les regarder ; & la vie qui y est répanduë fait tellement entrer le spectateur dans l'action qui se passe que, saisi des mêmes sentimens de ces divers personnages, il les laisse tous pour envisager, comme eux, avec une pitié pleine d'étonnement, l'enfant qui souffre.

On croit assister réellement à cette action ; on croit voir une montagne effective, par sa grosseur & par son coloris ; on croit être au pied avec la mére de l'enfant possédé, & implorer, avec elle, le secours des Apôtres ; on regarde, comme elle, le haut du Thabor où le Fils de Dieu paroît, au milieu des airs, dans un éclat de blancheur qui éclaire tout le Tableau, & à la lueur duquel on voit Jesus-Christ plein d'une majesté qui ne peut convenir qu'à un Dieu ; éclat si vif & si brillant, que le sommet de la montagne qui en est tout illuminé, en fait paroître le pied dans une espéce d'obscurcissement.

Le Christ se voit ainsi au milieu des airs avec une attitude triomphante, comme un Dieu qui s'y soutient par sa propre puissance.

Moïse & Elie qui sont à ses côtez, brillent bien aussi d'un tres grand éclat, mais qui ne paroît néanmoins qu'un rejalliffement de celui de Jesus-Christ; & quoi que leur fufpenfion dans les airs foit une attitude qui tienne de la victoire & du triomphe, Raphaël y a fû joindre tant de modeftie, qu'ils ne paroiffent toujours que deux créatures pénétrées de véneration pour leur Dieu qu'ils adorent avec les fentimens de la plus profonde humilité, jufques dans leur triomphante fufpenfion.

Trois des Apôtres qui étoient montez avec Jesus-Christ fur le haut du Thabor, le voyant de près environné d'un fi grand éclat & revêtu de tant de majefté, en demeurent également éblouïs & étonnez; & quoi que l'attitude de tous trois soit différente, il seroit bien difficile de dire laquelle exprime mieux l'éblouïssement & la surprise que leur cause un tel spectacle.

L'art de Raphaël est, surtout, admirable dans l'expression par laquelle il a sû faire paroître, d'une maniére si sensible, l'exhauffement du Christ à l'égard de ces trois Apôtres; car, quoi qu'il n'y ait pas un pied de distance entre lui & eux, il semble qu'il touche l'Empyrée, & que le sommet de la montagne sur lequel ils sont, soit, à son égard, un abîme profond où il les laisse infiniment abbaissez au dessous de lui : L'attitude du Christ ferme & élevée, & le prosternement de ces Apôtres dont l'un a le corps étendu presque tout de son long sur la terre, produit cet effet ; & c'est ce que nul Peintre n'a encore pû attraper dans aucune des copies que j'ay vuës de ce Tableau : On voit bien, dans ces copies, que cet Apôtre est sur la montagne, & qu'il y touche; mais l'attitude de ce corps si naturellement couché & étendu par terre, c'est une de ces productions du génie & une de ces expressions du pinceau du divin Raphaël, ausquelles les autres Peintres ne sauroient arriver.

OUVRAGES DE SCULPTURE

QUI SE VOYENT A S. PIERRE DU VATICAN.

LA CHAIRE DE S. PIERRE.

Par le Cavalier Bernin.

CET Ouvrage est un de ceux dont la beauté est si éclatante, que tout le monde rend à leurs Auteurs toute la justice qui leur est duë; car on ne peut le voir, sans admirer la richesse de l'Esprit dont l'invention a sû faire, pour ainsi dire de rien, une si magnifique chose.

En

En effet, que faire d'une Chaire ? Comment s'y prendre, pour en faire un des plus grands ornemens de la plus belle Eglise du monde ? C'est ici véritablement où il faut que l'art surpasse la nature, que l'esprit supplée à la matiére, & que la magnificence du génie éléve la simplicité de la chose qui n'a rien de grand & de beau par elle-même ; & c'est ce qu'a fait le Bernin dans cet Ouvrage.

Il a enchâssé la Chaire de S. Pierre dans une Chaire de bronze doré percée à jour & enrichie de tous les ornemens que la Sculpture peut fournir dans un semblable sujet ; il l'a élevée au fond de l'Eglise où

K

elle est soutenuë par quatre saints Docteurs * qui sont des Statues de bronze beaucoup plus grandes que le naturel, & l'a couronnée d'une Gloire rayonnante aussi de bronze doré : Et tout cela ensemble, executé comme il l'est, produit un effet si grand & si magnifique, qu'il n'y a assurément rien de plus beau dans l'Eglise de S. Pierre.

* Saint Athanase, saint Chrysostome, saint Ambroise, & saint Augustin.

La Notre-Dame de Pitié.

Groupe qui se voit sur l'Autel de la Grande Chapelle qui sert de Chœur aux Chanoines.

Par Michel-Ange Buonarotti.

JAMAIS marbre ne fut mieux travaillé & mieux mis en œuvre que celui-ci ; il semble que ce soit une pâte que le Sculpteur ait maniée & amollie comme il l'a voulu.

Michel-Ange fit cet ouvrage pour le Cardinal Briçonnet.

On admire, autre-part, la Vie que les Sculpteurs donnent au marbre qu'ils animent quelquefois d'une maniére merveilleuse dans leurs ouvrages : Ici, il faut autant admirer la Mort dont Michel-Ange a sû si bien répandre l'expression dans tous les membres du CHRIST que la Sainte Vierge tient sur ses genoux.

On se récrie, ailleurs, sur la Légéreté que d'habiles Ouvriers ont sû donner à leurs Statues : Ici, il faut se récrier de même sur la Pesanteur que Michel-Ange a sû ajouter à celle que le marbre a de lui-même, pour faire tomber les membres morts du CHRIST, dont le poids se fait sentir, comme la légéreté se fait voir dans quelques-unes des Statues des autres.

Cet Ouvrage a néanmoins deux défauts qui empêcheront toujours qu'on le puisse mettre au rang des autres Chef-d'œuvres de ce grand Homme,

Le premier, c'est que la Vierge a le corps de JESUS-CHRIST sur ses genoux, sans qu'il paroisse lui peser ni l'incommoder : or il n'est pas naturel qu'une femme puisse avoir étendu sur ses genoux le corps mort d'un homme assez grand, sans en sentir le poids & en être embarrassée.

La seconde faute regarde la Vierge toute seule ; on ne peut donner plus de majesté à une femme, que Michel-Ange en a donné à celle-ci ; elle a toute la noblesse, toute la grandeur, & toute la dignité possibles ; c'est un prodige par là ; mais il l'a faite trop jeune pour être la mére d'un homme de plus de trente ans qu'elle tient mort sur elle.

Michel-Ange n'a pensé qu'à faire une figure agréable, un visage doux, modeste, & beau, & il y a réüssi ; mais il n'a point fait attention à la proportion de l'âge qu'il devoit donner à la Sainte Vierge par rapport au CHRIST ; elle est sa mére, & elle ne paroît que sa sœur ; c'est une mére tendre, une mére de douleur, & les peines accablantes qu'elle vient de souffrir de la Passion & de la Mort de son Fils devroient l'avoir vieillie ; cependant Michel-Ange en fait une femme fort jeune.

Le Vasari * tâche d'excuser ce défaut, & veut même y trouver un caractére de beauté porté jusqu'au raffinement:

* Dans son Livre de la Vie des Peintres.

Pour moi, je ne fais point difficulté d'en convenir, non plus que de reconnoître, en même tems, que le mérite de cet excellent Sculpteur est d'ailleurs si bien établi, qu'une faute de cette nature ne sauroit donner qu'une tres legére atteinte à sa réputation.

LA MAGDELEINE,

Tableau qui se voit dans le Palais Pio, au Champ de Flore.

Par Jacques Robusti, vulgairement nommé le Tintoret, natif de Venise.

CETTE Magdeleine n'est point la plus belle personne du monde, mais elle est si pleine de vie, que jamais peinture ne parut moins peinture que celle-ci ; c'est véritablement une femme vivante & pleurante au milieu de tous les instrumens de la mortification chrétienne, & dans une Grotte dont l'appareil n'inspire pas moins la pénitence, que la douleur & les larmes mêmes de cette sainte Pénitente.

Le Coloris de ce Tableau est aussi excellent qu'il est singulier ; Magdeleine y paroît sur la paille ; son habit est un tissu d'écorces d'arbre de même couleur que les joncs dont est faite la natte qui lui sert de tapis ; les cailloux mêmes de sa Grotte sont secs & jaunes comme son habit, sa paille, & sa natte ; & tout cela assortit si bien son visage pâle & décharné, qu'il n'y a point d'ouvrage, au monde, mieux entendu pour le Coloris.

Je ne dirai rien du caractére du Peintre, sinon que nul de ses Tableaux ne fait mieux voir que celui-ci, le talent particulier qu'il a eû de bien caractériser ses sujets ; que ses Carnations ne furent jamais plus vraies, ses Touches plus spirituelles, & son Pinceau plus ferme & plus vigoureux.

La Porte du Peuple.

Par Michel-Ange Buonarotti, & par le Cavalier Bernin.

La Porte du Peuple a ceci de singulier, qu'elle est seule l'ouvrage des deux plus grands Architectes que l'Italie ait produit dans ces derniers siécles ; car la Façade qui est en dehors de la Ville a été faite par Michel-Ange ; & celle qui est en dedans a été faite par le Cavalier Bernin.

Les ornemens dont les autres Portes sont quelquefois toutes chargées & tout-historiées ne paroîtront jamais que des colifichets auprès de la noble simplicité de celle-ci; on n'y voit que deux ou trois ornemens, un feston, deux volutes, mais d'une élégance à laquelle on reconnoît, tout d'un coup, qu'ils ne peuvent venir que d'un des plus grands Maîtres de l'Art.

Au reste, je ne crois pas qu'on puisse rien voir de plus beau que cette Porte, à la regarder de de fans la ruë du Cours, parce que l'Obélisque qui est devant s'y unit à la vuë, & est fait comme le couronnement; car le Bernin ayant fait le comble de cette Porte, d'un Cintre de forme pleine, tres peu différent d'un Cercle parfait, & l'Obélisque paroissant être au dessus, ce Cintre lui sert comme de base ; l'Obélisque semble, par ce moyen, être élevé sur la Porte, & la termine admirablement bien avec la Croix qui est au haut ; de sorte qu'à une certaine distance, on ne sauroit guéres voir de plus beau spectacle d'Architecture, particuliérement sur le soir où l'affoiblissement de la lumiére du jour favorise l'illusion des yeux à qui ces deux ouvrages, quoi que séparez par un grand espace, paroissent néanmoins unis, ou plutôt ne paroissent qu'une seule & même chose. On voit donc alors un Obélisque parfait qui semble avoir, pour base, un gros Globe à côté duquel sont deux espéces d'adouciſſemens en gorge qui font le même effet que deux portions de Cercle recreuſées; & des boules poſées ſur des Piédouches qui s'élévent à droit & à gauche ſur la plate bande d'amortiſſement de la Porte, avec une régularité de ſymétrie qui charme la vuë.

LA PORTE PIE.
Par *Michel-Ange Buonarotti.*

IL n'y a point de Porte de Ville, même en Italie, qu'on puisse comparer à la Porte Pie, pour la délicatesse & l'élégance de l'Architecture ; elle est d'une légéreté si surprenante, qu'il semble qu'elle ne soit faite que de Carton.

Elle n'a, pour tous ornemens, qu'un feston de Laurier sortant de deux Volutes, & deux Bassins surmontez d'un Manipule pendant dans les côtez, car c'est encore ici qu'on trouve ce caractére de simplicité auquel sont marquez tous les ouvrages des grands Architectes;

ainsi, simple & legére, mais grande & majestueuse dans sa simplicité noble & dans sa légéreté délicate, elle étalle aux yeux une façade pleine de pompe & de magnificence, quoi que parée de deux seuls ornemens, mais d'un goût qui fait sentir que c'est l'ouvrage d'un génie fort supérieur à celui des Architectes ordinaires.

LE POMPÉE.

Statue antique qui se voit au Palais Spada.

POMPÉE a un air si grand, dans cette Statue, qu'il n'y a personne qui ne se trouve petit en sa présence, quoi que ce ne soit que son Image.

Il a je ne sai quoi d'auguste & d'héroïque qui ne peut convenir qu'au Maître du monde. On ne peut regarder cette Statue sans être persuadé que c'est celle d'un Conquérant, d'un Héros, ou d'un Empereur, par la seule majesté de celui qu'elle représente.

Il s'en faut bien que les Statues de César & d'Auguste

qui nous sont restées, soient aussi belles ; & si on les mettoit auprès de celle-ci, on ne les prendroit assurément, que pour les Officiers de Pompée, tant le Sculpteur a bien sû lui donner un air de Maître !

OUVRAGES DE PEINTURE

QUI SE VOYENT DANS L'EGLISE DE SAINT SYLVESTRE A MONTE-CAVALLO.

L'ASSOMPTION DE LA SAINTE VIERGE.

Tableau qui se voit à l'Autel de la Chapelle de la Vierge.

Par Scipion Pulzone natif de Gaiette.

ET

QUELQUES PEINTURES DU DOMINIQUIN,

Qui se voyent dans la même Chapelle.

LA Sainte Vierge qui est peinte, dans ce Tableau, avec l'air le plus doux & le plus gracieux du monde, y semble monter à vuë d'œil; & le Peintre lui a donné une attitude si excellente, pour une Assomption, que plus on s'attache à la regarder, plus on la croit voir véritablement monter.

Les quatre Médaillons qu'on voit à la voûte de cette Chapelle, sont du fameux Dominiquin.

Dans celui de la Judith, les deux petits Garçons qui regardent la Tête d'Holoferne sont deux Chef-d'œuvres, pour l'expression; aussi nul Peintre n'a-t-il jamais si bien réüssi que lui à peindre des enfans, comme on le peut voir ici, & dans ses autres ouvrages: ce sont des airs de tête, des postures de corps, une promptitude de mouvemens, une liberté de gestes, & des attitudes d'un naturel, d'une simplicité, & d'une vrai-semblance qui passent constamment tout ce que les autres ont fait de mieux en ce genre, sans en excepter qui que ce soit.

L'Esther tombant en foiblesse devant Assuérus, est un autre Chef-d'œuvre non moins parfait ; & jamais défaillance ne fut mieux exprimée, soit pour la pâleur du visage d'Esther, soit pour la chutte de son corps qui tomberoit visiblement par terre, sans le secours de ses femmes qui la soûtiennent.

Mais le Dominiquin a fait,

à mon sens, une faute de jugement inexcusable dans le Médaillon où il a peint David dansant & joüant de la harpe devant l'Arche d'alliance ; en ce qu'il a mis, à la suite de ce saint Roi, une Bacchante le tambour de Basque élevé & la moitié du corps nud, précédant immédiatement les Lévites qui portent l'Arche avec une modestie la plus composée, & qui fait d'autant plus éclater le ridicule de l'impudence & de la nudité de la Bacchante.

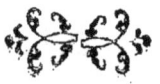

PERSPECTIVES

Lesquelles se voyent à la Voûte de la même Eglise.

Par le Pére Mathieu Zaccolino, Théatin, natif de Céséne ville de la Romagne.

LE Dôme peint en perspective dans la Voûte du Chœur de cette Eglise est fait avec un tel artifice, que les yeux les plus fins y sont trompez, sans que le jugement puisse corriger l'erreur des yeux. On ne sauroit s'imaginer qu'il n'y ait point d'enfoncement dans la Voûte à l'endroit où est peint ce Dôme, & qui est néanmoins tout plat & tout uni.

On voit, auprès de ce Dôme, un petit Ange peint dans le Cintre qui commence la Voûte du Chœur, & jamais aucun Ouvrage peint n'a paru un aussi véritable relief que celui-là : Cet Ange semble être entiérement détaché de la Voûte, & n'y tenir que par la tête ; la Peinture ne sauroit pousser plus loin l'imposture; aussi n'y a-t-il jamais eû de Peintre qui ait mieux entendu la Perspective & les raisons des lumiéres & des ombres, que le Pére Zaccolino, au sentiment même du Poussin dont le jugement doit être d'un grand poids sur une pareille matiére.

RESTES

Restes des Thermes de Dioclétien,

Desquels Michel-Ange Buonarotti a fait

L'EGLISE DES CHARTREUX
Qui se voit à Termini.

Cloître des mesmes Chartreux.

ICI, on demeure suspendu entre le mérite des Anciens & celui des Modernes; & l'on ne sait à qui des uns ou des autres on doit donner la préférence.

D'un côté, la grandeur des vastes & spatieuses Salles de ces anciens Bains est au-dessus de tous les édifices modernes de cette nature; d'abord qu'on y est entré on croit être dans

L

quelque Temple auguste ; on se sent saisi de je ne sai quel respect à la vuë de la majesté de ces superbes lieux, & l'on est émû des mêmes sentimens dont on est frappé lors qu'on se trouve dans quelque Basilique ou dans quelque Cathédrale magnifique. Les Colomnes qui soûtiennent les voûtes exhaussées de ces Thermes sont les plus hautes, les plus belles, & les plus parfaites qui nous soient restées des Anciens ; & l'on ne sauroit penser, sans étonnement, à la capacité des Siécles qui ont produit de tels Ouvrages.

D'autre part, on demeure également saisi de surprise, quand on considére le génie de l'excellent Architecte qui a sû faire une des plus belles Eglises du monde, des Débris de ces anciens Edifices; car Michel-Ange, en donnant la forme d'une croix Grecque à cette Eglise, a si bien renfermé dans son dessein toutes ces vieilles mazures, que le moindre coin y fait symétrie dans le corps de tout l'ouvrage; on n'en peut point voir de plus claire ni de plus parfaite; de sorte qu'on ne sait qui on doit admirer le plus, ou des Anciens qui ont bâti de si vastes & de si superbes Edifices, ou de l'Architecte Moderne qui a si bien sû en conserver les Ruïnes; &, de tant de piéces différentes, faire un vaisseau si régulier & si beau.

Le Cloître des mêmes Chartreux est aussi de Michel-Ange; & il n'y en a aucun, dans toute l'Italie, d'un dessein si élégant & si mignon, quoi que ce soit un des plus grands qui ayent jamais été faits. C'est une légéreté d'Architecture admirable ; dans les Galeries d'enbas, il n'y a, du côté du Jardin, que de petites Colomnes d'une si grande délicatesse, que ces Galeries sont aussi claires que s'il n'y avoit rien du tout de ce côté-là : Celles d'enhaut, quoi que fermées du côté du Jardin, sont percées de tant de fenêtres, qu'elles ne sont guéres moins claires que si elles étoient tout à fait ouvertes; ces fenêtres sont moitié ovales, moitié quarrées oblongues, mais d'un quarré dont les extrémitez font une espéce de Croissant qui semble vouloir embrasser l'ovale voisin, ce qui produit un effet tres agréable à la vuë.

Cette Galerie est toute tapissée des plus belles Estampes de l'Europe, ramassées avec un choix tres judicieux; & il n'y a point d'endroit au monde, où l'on puisse s'amuser plus agréablement & plus utilement.

TIVOLI,

Et tout ce qui se trouve de plus beau aux environs,

Tant pour l'Antique, que pour le Moderne.

ON ne connoît point ce qu'il y a de plus beau à Tivoli quand on est seulement entré dans la Ville, & qu'on n'a vû que la fameuse Cascade que le Téveron fait au Pont, quoi que presque tous les Etrangers ne voyent pas autre chose lors qu'ils y vont.

Pour voir les plus grandes beautez de ce lieu si vanté par les Anciens, il faut le regarder de l'endroit où est bâti le Couvent des Religieux Franciscains du Tiers Ordre, entre lequel & Tivoli, est la Valée où coule le Téveron.

Là, vous avez, devant vous, la Ville de Tivoli située sur un amas de petites Collines qui s'élévent en amphithéatre : A vôtre gauche, vous voyez le Téveron se précipitant du haut des montagnes de la Sabine entrer dans un Gouffre où il se perd, & à quelques pas de là, sortir d'une grande Caverne où il se brise avec tant de violence sur les Rochers dont elle est pleine, que son eau éparpillée en un million de gouttes ne paroît plus que comme une fumée tres agitée ; tellement que la bouche fumante de cette Caverne ressemble plûtôt à une Fournaise enflammée, qu'à une Grotte pleine d'eau. Le Téveron se perdant encore là sous les Roches, en sort un moment après impétueux & rapide ; & bondissant par un Canal tortueux, passe comme un Torrent dans la Valée au bout de laquelle il devient, tout d'un coup, Riviére paisible & tranquille, & coule ainsi dans la plaine qu'on voit à la droite.

La gauche est un Théatre assez serré de montagnes qui s'élévent jusqu'au Ciel ; & qui allant toujours en s'élargissant le long de la Valée, s'ouvrent enfin tout à fait sur la droite où l'on découvre toute la Campagne de Rome jusqu'à la Mer, c'est à dire une plaine d'une étenduë immense avec un horizon à perte de vuë.

Voilà ce qu'on voit à droit & à gauche : Et devant soi, l'on a un Coteau admirable du flanc duquel ce qu'on a détourné de l'eau du Téveron pour les maisons de plaisance de la Ville, sort comme par une infinité de Crevasses, faisant mille bonds & mille cascades dont les eaux retombent dans le bas de la Valée, & rejoignent le Téveron duquel elles avoient été séparées.

Ce Coteau est tout couvert de verdure ; mais d'une verdure diversifiée de cent sortes de

L v

verds différens les uns des autres, verd de vigne, verd de pré, verd d'olivier, verd de bruyére, les uns plus sombres, les autres plus clairs, qui comme autant de Compartimens font, de cet endroit, une Scêne d'une décoration charmante : Et tout cela semble un Théatre fait exprès pour mettre, dans un agréable point de vuë, la Ville de Tivoli qui est dessus ; & derriére laquelle on voit encore un amas de petites montagnes élevées les unes sur les autres, & toutes chargées d'arbres verds, lesquelles font comme le couronnement de cette Ville.

Toutes les beautez de la nature semblent avoir été ramassées & réünies en cet endroit. On y voit du champêtre, du cultivé; un desert, des habitations; des Torrens rapides, une Riviére tranquille; des lieux escarpez & affreux, des collines d'une pente douce & facile; des Rochers stériles & secs, une Valée humide & fertile; des montagnes, une plaine, une Ville, un Coteau délicieux tout couvert de cascades dont les eaux d'argent font un effet admirable en se mêlant à la couleur d'une infinité de Tapis jaunes & verds qu'elles coupent avec un agrément égal; tellement qu'il est constamment vrai que nul Peintre n'a jamais fait aucun

Paysage de pure imagination qui fût aussi beau que celui-ci l'est réellement.

Pour comble de délices, le lieu d'où l'on contemple toutes ces beautez est couvert de Thym, de Menthe, de Baume, de Genets, de Romarins, & de cent autres sortes de Plantes & d'Herbes odoriférantes qui non seulement parfument l'air d'odeurs enchantées, mais encore le rendent si salutaire, que, dès qu'on commence à le respirer, l'estomac en ressent aussi-tôt la vertu, & s'en trouve tout d'un coup comme fortifié.

Il ne faut pas s'étonner, après cela, si les anciens Romains ont tant vanté la salubrité de cet air qu'ils croyoient tellement propre à conserver la santé & à faire durer la vie, que cette Sentence étoit commune parmi eux : [a] *Quand nôtre heure est venuë, on meurt partout, même à Tivoli.*

Mais, pour joüir des agrémens de ce lieu tant célébré, il faut être, comme je l'ai déja dit, sur le Coteau où est situé aujourd'hui le Couvent des Franciscains du Tiers Ordre : Aussi Horace & Catule qui avoient un goût exquis pour les choses délicieuses avoient-ils choisi cet endroit pour la situation de leur maison de

* Isle dont l'air est le plus mal sain du monde.

[a] *Nullo fata loco possis excludere : cum mors Venerit, in medio Tibure Sardinia* * *est.*
Mart. Epig. l. 4.

plaisance, & c'étoit-là qu'elles étoient placées.

LA MAISON DE PLAISANCE DE L'EMPEREUR ADRIEN,

nommée vulgairement

La Villa Hadriani.

CET Empereur étoit également savant & voluptueux, docte & sensuel, d'une érudition universelle, d'un goût exquis pour les plaisirs, habile, curieux, délicat, & poli ; il étoit Philosophe & Poëte, & son esprit étoit enrichi de toutes les lumiéres que donne la science des belles Lettres.

Il avoit voyagé dans toutes les Parties de la Terre qui étoient connuës de son tems; & s'étant enfin résolu à fixer sa demeure à Rome & à passer le reste de sa vie dans la Maison de plaisance qu'il avoit à Tivoli, il se proposa d'y réunir tout ce qu'il avoit vû de plus beau dans la Gréce, dans l'Egypte, dans l'Asie, & dans tous les autres Pays où il avoit voyagé, afin de n'avoir rien à regretter de tous les autres endroits du monde où il ne vouloit plus aller.

La situation de cette Maison de plaisance étoit tout à fait favorable pour cette grande Entreprise, car c'est l'endroit le plus uni & de la plus grande étenduë qui se trouve parmi les Coteaux qui sont à la chutte des montagnes de Tivoli ; de sorte qu'on y pouvoit construire commodément toutes les sortes d'édifices qu'il avoit dessein d'y rassembler.

Ce fut donc là qu'outre son Palais vaste & magnifique, des appartemens pour toute sa Cour, des logemens pour ses Gardes, des Écuries, des Manéges, des Cours, il fit faire un Cirque pour les Courses, une Naumachie pour les Batailles Navales, un Théatre pour les spectacles, un Amphithéatre pour les Combats des Athlétes ; des Bains chauds & froids ; des lieux Plantez pour se promener à l'ombre quand il faisoit Soleil ; des Portiques pour se promener à couvert durant la pluye ; des Bois pour la Chasse ; des Lacs pour la pêche ; un Serrail pour lui, des lieux de plaisir pour les autres, des endroits pour sacrifier aux Dieux, d'autres pour travailler & pour étudier ; des Temples, des Bibliothéques, des Bosquets, des Grottes, des Fontaines ; un Lycée, un Prytanée & une Académie, comme on les voyoit à Athênes ; une Valée délicieuse toute semblable à la fameuse *Tempé* en Thessalie ; des Champs Elysées même ; & généralement toutes sortes de lieux agréables & commodes pour l'étude, pour le plaisir, & pour toutes sortes d'exercices : Tout cela bâti d'une solidité surprenante, & enrichi d'ornemens si magnifiques, que les seuls restes de ce vaste & superbe amas d'édifices donnent une plus grande idée de la magnificence Romaine, que tout ce qu'on voit dans le reste du Monde.

C'étoit-là où cet Empereur travailloit avec ses Ministres, philosophoit avec d'habiles gens,* & se plongeoit dans toutes sortes de voluptez avec ses Maitresses : Il croyoit y finir ses jours ; mais ayant été attaqué d'une maladie incurable, ses Médecins lui conseillérent de changer d'air & d'aller à Baïes dans la Campanie où, déséspérant de recouvrer

* Epictéte Philosophe Stoïcien ; & Numénius Philosophe Platonicien qu'il avoit fait venir à Rome.

sa première santé, il se laissa mourir.

Les Empereurs ses Successeurs dépouillérent sa belle maison des Statuës, des Colomnes, des Jaspes & des Agathes dont elle étoit enrichie, pour en faire l'ornement de leurs Palais & de leurs Thermes : Cependant on y voit encore des Galeries magnifiques, & des Sallons d'une grandeur & d'une hauteur étonnantes tout incrustez de Stuc aussi blanc que s'il venoit d'y être appliqué, avec des Médaillons & des Compartimens admirables.

Mais ce qui épouvante, c'est l'épaisseur & la solidité des murailles & des voûtes, car on ne sauroit concevoir comment un seul & même homme a eû le tems de faire construire une si prodigieuse quantité de bâtimens si solides & si épais; si ce n'est qu'on fasse réflexion que les Empereurs Romains avoient des milliers d'Esclaves qui ne leur coûtoient que la nourriture, & qu'on faisoit travailler, à force de coups, avec du pain & de l'eau; car alors on comprendra comment les anciens Romains ont pû, en si peu de tems, faire faire leurs Thermes, leurs Aquéducs, leurs grands Chemins, & tous ces autres Ouvrages étonnans dont on n'ose même former l'entreprise dans nôtre siécle.

LA CASCADE,

Laquelle se voit au Pont.

LA plus grande beauté de cette Cascade, est la chutte du Téveron dont toutes les eaux tombent, de son lit, dans un gouffre, par une seule Nape tres large la plus régulière & la plus parfaite qu'on ait jamais vuë : Car, pour les boüillons & le brisement de l'eau sur les Rochers où elle tombe, la Cascade de Terni * qui tombe de beaucoup plus haut, l'emporte infiniment sur celle-ci, & a quelque chose de bien plus effroyablement beau.

* A 45. milles de Rome, dans l'Ombrie.

La Maison de Plaisance de Mécénas.

Il n'y avoit rien de plus beau, pour la situation, que la Maison de Plaisance de Mécénas, dont on voit encore les superbes restes ; elle étoit située sur le premier Coteau qui fait face à la plaine, & qui se présente à la vuë en venant de Rome à Tivoli : Là, élevée sur de hautes Terrasses voûtées & à plusieurs étages l'un sur l'autre, elle dominoit toute la plaine ; & on y découvroit, avec une vuë libre de tous côtez, une étenduë immense de la Campagne de Rome. Cela se voit manifestement, par les voûtes des Terrasses, & par celles de la Maison, qui subsistent encore aujourd'hui.

DESCENTE DE CROIX,

Tableau qui se voit dans l'Eglise de la Trinité du Mont.

Par Daniel Ricciarelli, natif de Volterre en Toscane.

CE Tableau est un des trois que le Poussin trouvoit les plus beaux de Rome; savoir la Transfiguration de Raphaël d'Urbin, à S. Pierre *Montorio* ; le S. Jerôme du Dominiquin, à S. Jerôme de la Charité ; & celui-ci qui se voit aux Minimes de la Trinité du Mont.

 C'est un de ces Chef-d'œuvres de Peinture dont la beauté frappe les esprits même les plus

plus grossiers : Mais ce Tableau a ceci par-dessus les autres Tableaux, qu'il ne paroît point en être un ; car c'est une Fresque peinte sur l'Autel d'une Chapelle, & qui occupe une muraille entiére ; le Mont-Calvaire en est le terrain qui est de niveau à l'Autel ; le Crucifix est élevé sur cette Montagne ; & il n'y a rien autre chose, au delà de la Croix, qu'un grand Ciel ; tellement que n'y ayant point d'ombres, comme aux autres ouvrages de Peinture, qui fassent le fond du Tableau, il ne semble pas que c'en soit un. Au contraire, on s'imagine, en le regardant, qu'on est mêlé avec les Personnages qui le composent;

M

on croit être sur la même terre, & sous le même ciel.

La Magdeleine & les Maries qui s'empreſſent auprès de la Sainte Vierge, ſe baiſſant pour la ſoulager, paroiſſent être tout à fait hors de la muraille ; on croit les entendre parler, les voir agir, ſe mouvoir, s'avancer ; on croit avoir la Vierge à ſes pieds, auſſi-bien qu'elles ; il ſemble qu'elle ſoit entre ces femmes & nous, & que nous ne faſſions, tous enſemble, qu'un même Groupe de perſonnes vivantes, occupées de la même action, & remplies des mêmes penſées à la vuë du même objet ; car le Peintre a ſi bien diſpoſé toutes ces figures, qu'il faut que ceux qui regardent son Ouvrage s'imaginent en faire eux-mêmes une partie, qu'ils s'intéressent à l'action, qu'ils en prennent les sentimens, enfin qu'ils achévent le Tableau joints aux autres Personnages qui y sont.

Il y auroit cent choses différentes à admirer dans les diverses actions des Bourreaux; mais celle de celui qui est sur le haut de la Croix & qui laisse aller le Corps de JESUS-CHRIST dans les bras d'un de ses Camarades qui est au dessous pour le recevoir, est incomparable : Il semble qu'il lui dise de le bien soutenir, & que pour lui il ne le tient plus; ce Bourreau allonge seulement sa main depuis le haut de la Croix jusqu'à un des bras de JESUS-CHRIST ; & si ce Tableau étoit l'Ouvrage d'un Peintre ordinaire, on ne sauroit si ce Juif avance le bras pour prendre celui de JESUS-CHRIST, ou s'il le retire, en le lâchant; mais ici, cette action n'est nullement douteuse ; & l'on voit sensiblement que cet homme le lâche, & qu'il recommande à son Camarade de le bien tenir.

Le Coloris de ce Tableau est une des plus belles choses qu'on sauroit voir ; les habits de la Magdeleine & ceux des Maries charment les yeux; la Céruse, la Laque, & l'Outremer y forment un mélange de

Couleurs également vives & douces dont la variété a quelque chose qui enchante ; & tout cet Ouvrage, quoi qu'à Fresque, est aussi doux & aussi léché, que les plus beaux Tableaux peints à huile.

LA TRINITÉ.

Tableau qui se voit dans l'Eglise de la Trinité des Pellerins.

PAR LE GUIDE.

IL n'y a point d'ouvrage de Peinture, à Rome, qui, du premier aspect, surprenne autant que celui-ci. On y voit un CHRIST en Croix qui seul suffiroit pour remplir la toile d'un grand Tableau, comme font tous les autres CHRISTS; mais celui-ci n'occupe que la moitié de la toile; & l'autre moitié, qui est la supérieure, est remplie par le Pére Eternel qui est encore plus grand que le CHRIST.

Le pied de la Croix est sur

le Calvaire, & le haut atteignant aux nuées, on découvre, entre ses deux extrémitez, tout l'espace de ce grand Univers qui finit où commencent les Cieux ouverts qui sont d'une étenduë encore beaucoup plus vaste; si bien qu'on voit, à la fois, le Ciel & la Terre avec ce qu'ils ont jamais eû de plus précieux, dans un même Tableau : spectacle aussi grand & magnifique, que sacré & divin !

Le Corps du Christ est un des plus beaux corps d'homme & des plus parfaits qui ayent jamais été peints ; il a cette tendresse de chairs admirable que le Guide a sû mieux donner que personne à tous les corps qu'il a faits ; & je ne sache que le CHRIST de la Nôtre-Dame de Pitié du Carache à S. François de Ripe, qu'on puisse comparer à celui-ci.

Mais, qui pourroit, avec des paroles, décrire l'expression qu'il a donnée au Pére Eternel ? C'est un Abysme infini de lumiére & un Océan immense de Grandeur d'où la Majesté se déborde, pour ainsi dire, de tous côtez, comme par torrens ; cependant, du sein même de cette Majesté terrible, sortent je ne sai quelles effusions de Bonté qui la tempérent ; on craint, & on se rassure ; on tremble, on adore, & on s'abandonne enfin aux divers sentimens de vénération & d'amour, de frayeur & de confiance, dont on se sent pénétré à la vuë de ce Tableau.

Je ne dis rien du Saint Esprit ; car le Guide assujetti par l'Image commune sous laquelle on l'a toujours représenté, n'a pas eû la liberté de déployer la beauté de son génie dans l'expression d'une figure si simple ; néanmoins, quand on la considére jointe aux deux autres, il semble qu'on soit effectivement en présence de la sacrée Trinité ; & que, par cette Image sensible, elle devienne une chose qui tombe véritablement sous les sens de l'homme.

Les deux Anges à genoux au pied du Crucifix sont dans l'attitude d'un respect si profond, qu'ils paroissent abysmez dans le Néant ; & leur adoration muette fait sentir la grandeur ineffable du Mystére que ce Tableau représente: Oui, il semble que la Génération du Verbe & la Procession du Saint-Esprit se passent à la vuë de ceux qui regardent cet Ouvrage ; que le défaut de la parole qui manque aux Peintures soit le silence adorable que demande l'opération de ce grand Mystére ; & que l'ame transportée, par les yeux, dans la Gloire, le voye opérer en sa présence. Quel génie que celui d'un homme qui sait faire entrer dans l'esprit une chose si sublime & si incompréhensible, par l'image grossiére des figures & des couleurs !

Au reste, cet Ouvrage suffit pour faire voir que, si le Guide a fait peu de grandes compositions dans ses autres Tableaux, ce n'a pas été manque de fertilité & de génie; que personne n'a mieux sû que lui en retrancher les minuties qui partagent mal à propos la vuë ; & que, si ses Maîtres ne lui ont pas appris la pratique du Clair-obscur par régles & par principes, il l'a pourtant exécutée par la grandeur de son goût, aussi bien que s'il en avoit eû la plus parfaite intelligence.

La Draperie volante du Pére Eternel donne une vie & un mouvement admirables à cette figure : Celles des deux Anges font merveilleuses ; & puisque les plus grands Peintres conviennent qu'elles font beaucoup plus difficiles à faire que le nud même, à quel rang ne doit-on pas élever le Guide qui, du consentement général de tous les Connoisseurs, a passé tous les autres, en cette partie de la Peinture ?

En effet, qu'on examine celles de son S. Michel [a], de sa Sybille [b], de sa Lucréce [c], de ses Magdeleines [d], de ses Vierges [e], & toutes les autres

[a] Aux Capucins de *Capole Case*. [b] Au Palais Chigi devant l'Eglise des SS. Apôtres. [c] Au Palais Balbi, à Génes. [d] Au Palais Barberin ; & à celui de Dom Augustin Chigi, Place Colomne. [e] A Sainte Marie Majeure ; au Palais Pamphile ; & au Palais Barberin.

qui forment des habillemens si aisez, si commodes, &, en même tems, si agréables & si nobles; dont les plis faciles & libres, quoi que majestueux & amples, flatent le nud avec délicatesse, le caressent, pour ainsi dire, par leur mollesse & par leurs tendres sinuositez ; &, en le couvrant sans s'y coler ni le trop ferrer, marquent si bien la forme du corps, ne laissant aucune équivoque des membres avec les vêtemens : Qu'on examine bien, dis-je, toutes ces draperies ; & je mets en fait que tout le monde avouëra que nul Peintre n'en a si bien entendu que lui les divers accommodemens, n'en a plus noblement habillé les femmes; & ne s'en est plus ingénieusement servi, tant pour remplir les vuides, que pour grouper les lumiéres de ses Tableaux, & les membres de ses figures quand elles étoient seules.

OUVRAGES
DE
PEINTURE
QUI SE VOYENT AU PALAIS DU VATICAN.

BATAILLE DE CONSTANTIN CONTRE MAXENCE.

Laquelle se voit dans la Salle de Constantin.

Par Raphaël d'Urbin.

IL ne faut qu'ouvrir les yeux pour être charmé de cette fameuse Bataille qui a été dessinée par le grand Raphaël d'Urbin, & peinte par le célébre Jules Romain le plus illustre de ses Eléves ; & comme c'est le plus magnifique morceau de Fresque qui soit au monde ; c'est aussi, au jugement des meilleurs Connoisseurs, le plus excellent & le plus parfait.

C'est la plus grande étenduë de Terrain dont on ait formé le dessein dans aucun Tableau &, en même tems, la plus variée & la plus agréable ; c'est la plus nombreuse Armée, la plus belle Ordonnance de bataille, & le plus vaste Champ qui ayent jamais été peints ; c'est une multiplicité de Figures infinie, sans qu'il y ait rien de confus ; une quantité prodigieuse de Combats particuliers, sans qu'il y ait rien de reppété ; un nombre innombrable de Gens qui combattent ou à pied ou à cheval, sur la terre ou dans l'eau, avec des Attitudes toutes différentes ; mille Groupes distribuez avec un ordre admirable, dont toutes les expressions sont diversifiées avec une fécondité de génie étonnante ; un Lointain d'une espace immense avec des dégradations de couleur, d'ombres & de lumiéres, qui effacent peu à peu les objets à proportion qu'ils sont éloignez ; une douceur de Peinture où la Fresque ne le céde point à l'huile ; un Coloris qui enchante.

J'aurois bien du plaisir à m'abandonner, ici, à la tentation qui me prend d'entrer dans le détail de ce grand Ouvrage, quelque persuadé que je sois que cette entreprise est fort au dessus de mes forces ; de décrire toutes les différentes sortes d'armes offensives & défensives de tant de diverses Nations qui se voyent dans l'Armée de Constantin & dans celle de Maxence ; car les Soldats y sont différemment armez de piques, de lances, de javelots, d'arcs, de fléches, de dards, de sabres, d'épées, de poignards, chacun selon l'usage de son Pays, & conformément à son Emploi.

Combien de sortes d'Ecus? de longs, de ronds, d'échancrez, de plats, de convexes; les uns faits en cœur, les autres en ovale ; ceux-ci en cartouches, ceux-là en une infinité d'autres figures antiques auſquelles on ne ſauroit trouver de nom ?

Combien de ſortes de Corſelets faits les uns de petites mailles, les autres en façon de petites écailles ; d'autres enfin de fer, d'airain, de cuir, ou de corne ?

Quelle variété dans les ornemens des Caſques où l'on voit des criniéres, des pennaches, des aigrettes, des bouquets de plumes, des crêtes, des feüillages, des dragons, des ſphynx, des muffles, des maſques, & cent ſortes de groteſques ?

Combien de différentes Enſeignes outre le fameux *Laba-*

rum *? des Aigles, des Dragons, des Mains de Justice, des Images du Soleil, de la Lune, du Prince?

Combien de diverses espèces de Trompettes, les unes toutes droites, les autres courbées presque comme un Cor de Chasse? Car jamais aucun Peintre, excepté le Poussin, n'a fait paroître une si savante & si judicieuse observation de cette partie de la Peinture qu'on nomme le Costume, que Raphaël l'a fait en toutes ces choses.

Mais le détail de ce qu'il y a de singulier dans cet Ouvrage

* Enseigne particuliére de l'Empereur en forme de Banniére, laquelle ne paroissoit que quand il étoit dans le Camp : Elle étoit de couleur de pourpre. Constantin avoit fait mettre une croix au dessus, aussi bien qu'au dessus des Aigles Romaines, & de toutes les autres sortes d'Enseignes qui se voyent dans son Armée.

immense me méneroit à l'infini ; c'est pourquoi je me contenterai de dire en général que tout y est animé, tout y vit, tout y marche, tout y agit, tout y combat, mais avec un feu & une chaleur qui émeut & qui échauffe même les spectateurs à qui il est impossible de regarder, de sang froid, tant d'actions si vives, & une bataille si chaude ; qu'on y voit les lances brisées, les épées rompuës, les plaïes ouvertes, le sang répandu, le désespoir, la rage, & la mort sous toutes les différentes formes où elle peut se présenter aux hommes dans les batailles les plus furieuses & dans les combats les plus acharnez ;

que Constantin y paroît avec un air de grandeur digne du plus grand Conquérant de la Terre ; & qu'enfin Raphaël a sû donner tant de vie & de mouvement à ses figures par le moyen des Enseignes volantes, des Trompettes levées en l'air, des Lances & des Epées qui se croisent par-tout, qu'il n'y a presque point d'ouvrage de ce caractére qui ne paroisse froid, si on le compare à celui-ci.

LE JUGEMENT DERNIER
ET
LES AUTRES PEINTURES

qui se voyent dans le Chapelle de Sixte.

Par Michel-Ange Buonarotti.

ON ne peut voir le Jugement de Michel-Ange & les autres choses qu'il a peintes dans cette grande Chapelle, que frappé des puissantes Expressions de ce Peintre, on ne juge aussi-tôt que personne ne l'a jamais égalé pour la force du Dessein.

Ce sont tous corps nerveux, musculeux, & dans des Attitudes qui ne contribuent pas moins à en faire voir la vigueur & la force, que les nerfs mêmes & les muscles : Cette force est exprimée avec tant d'énergie que, quoi que ce ne soient que des corps d'une grandeur naturelle, on s'imagine voir autant de Géans qu'il y a d'hommes.

D'autre part, l'élévation des pensées ; la noblesse des figures ; ces airs de tête si beaux & si fiers ; ce goût de dessein si grand, si sévére, si terrible; l'Equilibre & la Pondération des corps si bien mis dans une position ferme sur leur plan & sur leur centre de gravité; leurs Muscles s'allongeant par l'extension de quelques membres, ou se renflant lors qu'un mouvement contraire les fait racourcir, plus marquez, plus
ressentis

ressentis & plus articulez, à proportion des efforts que font les différentes parties de ces corps; l'origine, l'insertion, l'action, & tout ce qui regarde la liaison, le mouvement & les offices de ces muscles; la division des veines; l'emmanchement des membres; l'emboitture des os; cette profonde connoissance de l'Anatomie, & toutes ces grandes parties que Michel-Ange a possedées dans un si haut degré, sont ici portées à un tel point de perfection, que les seuls ouvrages de cette Chapelle seront, tant qu'ils subsisteront, une source inépuisable de découvertes pour ceux qui voudront approfondir l'Art de la Peinture; &

que, si la science du Dessein venoit à périr dans le reste du Monde, on la retrouveroit ici toute entiére dans la multiplicité presque infinie de postures & d'attitudes où cet excellent Peintre a mis le corps humain.

Il semble que je ne devrois rien dire du Jugement dernier, les Estampes qu'on en a faites étant répandües par toute la Terre; mais il s'en faut bien qu'elles en donnent une idée juste, & qu'on sache ce que c'est que cet ouvrage, quand on les a vuës : les plus grandes de ces Estampes sont, tout au plus, de trois ou quatre feüilles de papier; & il y a des corps d'homme qui seuls sont plus grands que cela. Cet Ouvrage remplit toute une muraille large de quarante ou cinquante pieds, & haute comme la voûte d'une assez grande Eglise : Aussi la vuë de ce morceau de Peinture en donne une idée si différente de celle qu'en donnent les Estampes, que quoi qu'on les ait euës devant les yeux toute sa vie, on est surpris & étonné, en voyant l'Original, comme de la chose la plus nouvelle du monde.

J'ajouterai à cela une beauté de cet Ouvrage, de laquelle les Estampes ne sauroient donner aucune idée ; c'est le Coloris du jour qui représente la lumière du Monde après sa destruction, ce qui ne peut en aucune maniére paroître sur une Estampe où il n'y a que du blanc & du noir ; cependant c'est une des plus grandes beautez de ce Chef-d'œuvre de Peinture ; c'est une des choses qui y sont exprimées avec le plus d'art, & qui frappent le plus.

Cette lumiére que Michel-Ange suppose devoir rester sur la terre après la destruction du Soleil & des Astres, ne ressemble en rien à celle de nos jours, ni à celle de nos nuits, à la lumiére du Soleil, ni à celle de la Lune ; mais c'est je ne sai quel mélange demi-clair, demi-obscur, de blanc & de bleu, dont je ne saurois donner d'idée, qu'en disant que c'est quelque chose d'approchant de l'état où est l'air durant une Eclypse de Soleil ou de Lune ; en quoi le génie de Michel-Ange est admirable : Car, comme le Soleil s'éteindra à la fin du monde, & que néanmoins il faudra qu'il y ait quelque reste de lumiére sur la terre qui puisse faire discerner les corps, Michel-Ange ne pouvoit jamais mieux faire, pour représenter cette lumiére, que de la peindre semblable à celle qu'on voit quand le Soleil ou la Lune sont éclypsez, car il est constant qu'il y en a encore dans l'air après les Eclypses : Mais c'est une lumiére sombre & éteinte, qui ne peut tout au plus servir qu'à faire distinguer les diverses figures des corps, sans en faire voir les différentes couleurs ; & qui teint même tous les objets, de sa propre couleur pâle & plombée ; & c'est justement cette teinte, & cette lumière bleüâtre & pâle que Michel-Ange a choisie, pour faire voir les corps qui seront sur la surface de la terre au jour du Jugement dernier.

Quand on voit, à Rome, les grands & les magnifiques ouvrages d'Architecture de Michel-Ange, ses excellens morceaux de Sculpture, & quelques petits Tableaux de sa façon qui se trouvent dans les Cabinets des Curieux, on reconnoît bien qu'il a été le plus grand Architecte & le plus habile Sculpteur des derniers siécles; mais on ne croiroit pas qu'il eût été un des premiers Peintres du Monde: Cependant, qu'on vienne voir cette Chapelle; & assurément l'on doutera si Raphaël d'Urbin même, si le grand Raphaël a été plus grand Peintre que lui.

OUVRAGES DE SCULPTURE

QUI SONT DANS LE MESME PALAIS.

L'ANTINOÜS ET L'APOLLON.

Statues antiques

Qui se voyent dans la Cour de Belvédére.

JE joins ces deux Statues dans la même description, parce que l'Antinoüs & l'Apollon y sont représentez à peu près de même âge, & que ce sont deux des plus beaux corps d'homme qui ayent jamais été faits ; mais l'air que les Sculpteurs leur ont donné est si différent, que quoi que l'Antinoüs soit peut-être le plus régulier, l'Apollon paroitra toujours un Dieu, en comparaison de lui, par l'air majestueux & divin que le Statuaire a sû lui donner ; car il est vrai que, quelque idée qu'on ait de la perfection de la Sculpture, quelques Chef-d'œuvres qu'on ait vûs dans cet Art, à quoi qu'on s'attende après avoir oüi le plus vanter cette Statue, on est encore toujours surpris quand on la voit pour la premiére fois ; & on n'est plus étonné que les Payens ayent adoré ces sortes d'Images en qui tout le monde trouve tant de caractéres qui paroissent avoir quelque chose véritablement au dessus de l'humanité ; c'est une beauté pleine de traits sensiblement divins, qui charme les hommes tout autant que les femmes mêmes.

C'est, à la vérité, un corps humain, mais on voit bien qu'il n'y a point d'homme si bien fait que celui-ci, & qu'il n'y en eut jamais ; & on demeure persuadé que si les Dieux sont corporels, ils sont assurément faits comme l'Apollon, non seulement pour les proportions du corps si justes & si réguliéres, mais encore plus pour l'attitude & pour l'air de toute la personne ; car on ne vit jamais à aucun homme, à aucun Héros, un air si noble

& si grand que celui que le Sculpteur a donné à cette incomparable Statue.

L'Antinoüs est pour le moins aussi bien proportionné, & c'est peut-être un corps d'homme encore plus parfait que celui de l'Apollon ; mais, avec cela, il n'a rien que de naturel & d'humain ; c'est le plus beau jeune homme du monde, mais ce n'est qu'un homme ; au lieu que l'Apollon, par son air de grandeur, vous enléve, vous pénétre, & vous fait sentir les traits & les éclats d'une majesté plus qu'humaine qu'il répand, pour ainsi dire, tout autour de lui.

Quel génie que celui de ces anciens Sculpteurs qui, par l'air qu'ils savoient donner à une Statue, y faisoient reconnoître, selon qu'ils le vouloient, un Homme, un Héros, un demi-Dieu, un Dieu !

L'Antinoüs, avec le plus beau corps du monde, ne paroît toujours qu'un homme : & l'Apollon, avec un corps moins réguliérement bien fait, paroîtra toujours un Dieu, le Dieu de l'Antinoüs même ! Sa taille, son port, son air, son attitude en font quelque chose de si divinement beau, que tout céde à ce spectacle, jusqu'à l'idée même que chacun a de la beauté : idée qui est si parfaite dans l'imagination de tous les hommes, & qui les rend si délicats & si difficiles! Qu'on aille voir l'Apollon, & l'on avoüera que, par toutes les idées qu'on s'est fait de la beauté d'un homme la plus parfaite, on ne s'est jamais rien figuré de si beau que ce qu'on voit en regardant cet Ouvrage.

Que les femmes viennent le voir, & qu'elles disent si elles ne croyent pas envisager véritablement un Dieu ; & si toutes les images qu'elles se sont jamais formées de la beauté des hommes ne sont pas fort au dessous de celle que leur présente cette Statue.

On seroit infini si on vouloit entrer dans le détail des différentes parties du corps, en qui on trouveroit mille beautez exquises, à les examiner chacune en particulier.

Quelle beauté, par exemple, que celle de la main de cet Apollon? qui est-ce qui s'est jamais imaginé que la main d'un homme pût être si belle? Y a-t-il quelqu'un qui ait jamais eû dans l'esprit l'idée de cette sorte de beauté? La plus belle femme du monde a-t-elle jamais eû une aussi belle main? Ce n'est pourtant point une main de femme à qui on peut donner tant de délicatesse qu'on veut; c'est une main & des doigts véritablement d'homme par leur figure, & par leur grosseur: cependant on ne vit jamais rien de si beau, & il n'y a personne qui n'en soit enchanté.

Je ne dis rien de la légéreté de cette Statue qui semble nager dans les airs, & ne tenir aucunement à la terre; je n'entre dans aucun de ces détails où il y auroit des beautez infinies à admirer, parce que l'air du Dieu est si grand, & saisit tellement l'imagination & l'esprit, qu'on ne sauroit plus ni voir ni envisager autre chose dans cette Figure.

Le Laocoon et ses Enfans.

Groupe antique

Qui se voit dans la même Cour du Jardin de Belvédére.

Par Agésander, Polydore, & Athénodore, natifs de l'Isle de Rhodes.

CE Groupe a toujours passé, dans les siécles mêmes les plus florissans de la Sculpture, pour un Chef-d'œuvre de l'Art, comme nous l'apprenons des Anciens [a] qui l'ont vû lors qu'il faisoit un des principaux ornemens des Bains de Titus Empereur Romain.

---

[a] *Laocoon qui est in Titi Imperatoris domo, opus omnibus & Picturæ & Statuariæ Artis præferendum, fecêre summi Artifices Agesander, Polydorus, & Athenodorus Rodii.* C. Plinii Secundi Nat. Hist. l. 35.

Laocoon * ce fameux Prêtre d'Apollon y est représenté avec ses deux fils à ses côtez, tous trois entortillez par un Serpent affreux qui fait plusieurs cercles de son corps autour du leur.

C'est déja un coup de Maître au Sculpteur, que d'avoir tiré, du même bloc de marbre, trois Statues qui sont si bien détachées l'une de l'autre, & dont l'attitude est si différente ; mais d'avoir sû, en détachant ces figures, conserver & pratiquer, dans le marbre, un Serpent dont il faut que le corps se trouve dans les espa-

---

* Il étoit fils de Priam & d'Hécube, & Prêtre d'Apollon. Il dissuada les Troyens de recevoir le Cheval de bois que les Grecs feignoient avoir consacré à Minerve. C'est pour cela qu'on dit qu'un serpent l'étrangla avec ses deux fils. *Virgil. Æneïd. l. 2.*

ces vuides qui font entre les trois Statues où il fait plufieurs plis & replis, & où il va, de l'un à l'autre, ceindre & environner le corps du pére & celui des enfans qu'il entortille tous enfemble ; quel art ! quelle induftrie !

C'est encore l'ouvrage d'une main bien favante, que la force que le Sculpteur a fû donner à ce Serpent qui ferre fi vigoureufement ces trois hommes, qu'on voit bien qu'ils ne fe débarrafferont jamais de fes entortillemens, avec tous leurs efforts.

La violence de ces efforts & celle de la douleur que fouffre le Laocoon, paroiffent dans tout fon corps jufqu'à l'extrémité des pieds dont les doigts se retirent avec contraction; & elles font tellement enfler tous ses muscles, qu'ils semblent aller sortir de la chair. La Contorsion de tous ses membres est une attitude merveilleuse qui met, dans tout leur jour, toutes les parties de ce corps qui est peut-être le plus parfait qui nous soit resté de l'Antiquité.

Mais la douleur, les efforts, & le désespoir de Laocoon paroissent encore bien mieux dans son air ; son visage est tout composé de froncemens, il n'y a pas la largeur d'un travers de doigt de chair unie, toutes les parties différentes sont également plis, on n'y voit point autre chose, mais des plis contournez & arrangez selon tous les mouvemens que les muscles donnent à la peau du visage d'un homme qui souffre la douleur la plus désespérante : Et quoi que toute la Figure soit du même marbre, néanmoins il semble que le visage ait quelque chose de plus blanchâtre que le reste du corps, les approches de la mort s'y faisant sentir jusques dans la couleur effacée d'un blanc qui a je ne sai quoi de pâle & de mort.

Enfin, plus on regarde le Laocoon, plus il semble que toutes les veines de son corps s'enflent à vuë d'œil, par la force du venin qui est déja passé dans les vaisseaux ; que les muscles se gonflent, que les artéres battent avec impétuosité, & qu'on voye tous les signes d'un poison violent qui gagne les parties les plus intérieures du corps.

Virgile * a fait une description admirable de ce pére infortuné dans ce cruel état ; & il faut être bien dur pour n'être pas touché de l'ouvrage de ce Poëte : mais il faudroit être tout à fait insensible pour ne pas frémir à la vuë de celui du Sculpteur.

* Æneïd. l. 2.

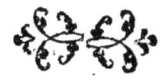

La Vénus accompagnée d'un Cupidon.

Groupe antique

Qui se voit dans la même Cour.

ON admireroit la finesse de la Draperie de cette Vénus, si on pouvoit admirer quelque Draperie après qu'on a vû celle de la Flore de Farnêse; mais quel Chef-d'œuvre que le Cupidon qui est auprès d'elle ! Ce n'est point du marbre, c'est un corps de chair; & que ce petit corps est bien formé ! quelle régularité, quelles proportions, & quel génie que celui du Sculpteur qui a fait cette petite Figure !

Un Sculpteur d'un génie ordinaire sachant que Cupidon est un enfant, ne sait pas faire autre chose qu'un enfant, lors qu'il veut le représenter ; il fait donc un petit corps bien gras, bien pottelé, dont les membres ne sont point encore formez, & dont les bras & les jambes sont, comme à tous les enfans, prodigieusement courtes & grosses à proportion du reste du corps ; son génie ne va pas plus loin : Mais un génie au dessus du commun pense que si Cupidon est un enfant, c'est aussi un Dieu, un Dieu qui ne croît plus, & dont, par conséquent, les membres doivent être aussi formez que ceux d'un homme fait. Tel étoit le Sculpteur qui a travaillé à cet Ouvrage, il a fait son Cupidon dans cet esprit; & les yeux en sont charmez parce qu'ils y voyent, en petit, un corps d'homme parfaitement bien formé; car ni l'Apollon ni l'Antinoüs ne sont point des corps plus réguliers ni plus parfaits; & le Cupidon est, à leur égard, ce qu'un ouvrage de Mignature est à l'égard d'une grande Peinture à huile.

VAISSEAU

VAISSEAU

Dont les Pavillons & les Voiles font formez de jets d'eau,

Lequel se voit dans le Jardin de Belvédére.

CE petit Vaisseau nage sur l'eau d'un grand Bassin; il est tout de fer, & parfaitement bien composé de toutes ses piéces.

Les Voiles en sont d'un fer blanc tres blanchi, & elles sont pliées autour de leurs Antennes ; mais lors qu'on vient à tourner la clef du Réservoir, il sort, de ces Voiles, une infinité de petits jets d'eau tres fins & tres déliez qui, étant tous joints l'un à l'autre, for-

O

ment des napes d'eau qui reſſemblent parfaitement à des voiles, car ces petits filets d'eau ſortant avec beaucoup de rapidité blanchiſſent comme de l'écume, & imitent tout à fait bien la couleur de la toile; de ſorte que, quand ils commencent à jouër, il ſemble que ce ſoient ces Voiles de fer blanc pliées qui ſe déployent & qui s'étendent, & que ce ſoit le vent qui les enfle, quoi que la ſeule diſpoſition des tuyaux donne cette forme à l'eau qui en ſort.

Il y a au moins cinq cens de de ces petits jets d'eau employez à faire ſeulement les Voiles & les Pavillons de poupe & de prouë.

Les Canons de ce Vaiſſeau qui ſont autant de jets d'eau, ont encore ceci de joli, que l'eau qui en ſort fait une eſpéce de bruit ſemblable à celui que feroient, avec de la poudre, des Canons de cette groſſeur; tellement qu'il ſemble qu'il lâche inceſſamment ſes Bordées, & qu'on entende, ſans diſcontinuation, les Canonades. C'eſt aſſurément une des plus jolies choſes qu'on puiſſe voir en matiére de Machines hydrauliques; rien n'eſt plus ingénieuſement imaginé; & je ne penſe pas qu'on puiſſe trouver, en aucun lieu du monde, une Fontaine jailliſſante d'une invention plus agréable & plus nouvelle.

FIGURES

REPRÉSENTANT DIFFERENTES SORTES D'ANIMAUX,

Lefquelles fe voyent dans divers Palais & Vignes de Rome.

Piéces antiques.

SI on ramaſſoit enſemble toutes les Figures antiques d'Animaux qui ſe voyent dans les Palais & dans les Vignes de Rome, ce ſeroit certainement un des plus beaux ſpectacles qu'on pût voir au monde ; l'Aigle de la Vigne Mathéi ; le Lion de la Vigne Médicis ; le Sanglier & la Louve de la Vigne Borghêſe ; les

Ours de la Fontaine qui est à *Termini*; les Pans de Belvédére au Vatican; le Bouc du Palais Justiniani, & les autres ouvrages de cette espéce: Tout cela ramassé formeroit une seconde Nature aussi belle que la premiére lors qu'elle sortit des mains du Créateur ; car ces Chef-d'œuvres sont des Copies plus parfaites que les Originaux mêmes : Non, les Bêtes en original telles qu'on les voit aujourd'hui, ne sont point si belles que ces Figures qui ont pourtant été faites d'après elles; de sorte que je ne craindrai point de dire que ces excellentes Antiques pouroient servir de Modele pour former de nouveau toutes les

Eſpéces, ſi elles venoient à être détruites, & qu'il fût beſoin d'un Exemplaire pour les recréer. L'Aigle vole véritablement ; le Lion rugit ; le Sanglier menace ; la Louve dévore, des yeux, tout ce qui l'environne ; les Ours dorment, mais d'un ſommeil qui épouvante ; les Pans s'applaudiſſent ; & le Bouc, quoi que rêvant avec ſa figure triſte, eſt tellement vivant & animé, qu'il ſemble que ce n'eſt qu'à cauſe qu'il regarde ſi fixement ceux qui ſont devant lui, qu'il s'arrête & qu'il ne remuë pas. Quel Art que celui qui ſait donner tant de vie & de mouvement au bronze, au marbre, à la pierre ?

LE MIRMILLON.*

Statue Antique qui se voyoit autrefois à la Vigne Ludovisio.

ON ne voit plus que des Copies de cette excellente Statue qui est une des sept premiéres du monde, le Prince Odescalchi qui l'a achetée du défunt Prince Ludovisio la tenant cachée, sans la vouloir laisser voir à qui que ce soit.

Le moment où un homme blessé est prest à expirer ne sauroit jamais mieux se voir dans un homme qui va vérita-

* Les Mirmillons étoient une sorte de Gladiateurs armez à la Gauloise, qui combattoient ordinairement contre cette autre sorte de Gladiateurs qu'on nommoit les *Rétiaires*.

blement rendre l'ame, qu'on le voit dans cette Statue. Ce pauvre Athléte aussi épuisé de forces par le sang qu'il perd, que par la fatigue des Combats qu'il a soutenus, ne paroît plus avoir de vie, que le moment auquel on le regarde; la mort est déja toute peinte dans son air; & il semble que ses lévres qui commencent à s'approcher l'une de l'autre, n'attendent plus que le dernier soupir qui lui reste; que sa bouche, aussi-bien que ses yeux, vont se fermer pour toujours; & que son corps va tomber de sa derniére chutte.

Au reste, comme je n'ai vû que des Copies de cette fameuse Statue, je ne doute point que ceux qui l'auront vuë ne trouvent que j'en dis bien peu de chose ; Cependant, il me semble que c'en est encore beaucoup pour une Copie, n'en ayant jamais vû en aucun endroit du monde, sur-tout de ces Miracles de l'Antiquité, qui ne fût tellement au dessous des Originaux que, lors qu'on vient à les voir, il semble que ce soient des Ouvrages tout nouveaux où l'on trouve mille beautez d'un caractére à ne pouvoir jamais être copiées : En ajoutant donc à l'Original ce qu'il y a à rabbattre des Copies, on peut juger quel prodige c'est, sur le peu même que j'en dis.

Mais, à la vuë de ces merveilleux morceaux de Sculpture, que dire des Ouvriers incomparables, de ces hommes divins qui nous les ont laissez ? Quel art, quel génie, quelles expressions que celles de ces anciens Statuaires ? Et que n'ont-ils point sû exprimer dans leurs Ouvrages ! La Vie, la Mort, l'Agonie, la suspension de la Vie, l'image de la Mort, ce n'est encore rien ; mais des Etats qui ne sont ni la Vie, ni la Mort, ni l'Agonie, comme dans la Niobé qui n'est ni vivante, ni morte, ni mourante, mais pétrifiée. Un double Sommeil ; le Sommeil naturel, comme dans le Faune du Palais Barberin ; un Sommeil d'yvresse, comme dans le

Silène de Ludovisio ; la Rêverie, dans la figure qu'on voit au Mont Palatin; la Lassitude, dans l'Hercule de Farnêse; l'Agonie, dans le Sénéque de Borghêse ; enfin le moment même du passage de la Vie à la Mort, l'instant du dernier Soupir, comme dans le Mirmillon.

Quand ils joignent deux Statues ensemble, on connoît aussi-tôt ce qu'ils ont eû dessein d'exprimer, il n'est point besoin d'Interprette pour savoir de quoi il s'agit, on voit tout d'un coup ce que les personnes veulent faire, & on entend tout ce qu'elles se disent: Des qu'on regarde Brutus & Porcia à la Vigne Mathéi, on voit que c'est l'Amour Conjugal qu'ils ont voulu figurer par ce Groupe, & peut-il être prononcé par des attitudes & par des airs d'une union plus chaste & plus intime ? On y voit la fidélité, la confiance, la candeur &, s'il est permis de se servir de ce terme, l'identité même de deux personnes qui n'en font plus qu'une par l'Amour Conjugal.

Il ne faut que jetter les yeux sur cet autre Groupe de deux figures Grecques qui se voit à la Vigne Ludovisio, pour savoir que c'est l'Amitié qu'ils y ont voulu figurer ; car n'y voit-on pas d'abord que ce sont deux personnes qui n'ont qu'un même cœur ? la bonnefoi, la sincérité, & la cordialité peuvent-elles jamais être mieux exprimées ?

Je ne dis rien de l'Amour illicite si bien représenté dans le Groupe de la Faustine & de son Gladiateur à la Vigne Borghêse, car il n'est pas malaisé de former des Images de cet Amour & de ses saillies, non plus que de celles des autres passions violentes : Mais en quoi j'admire les Anciens, c'est d'avoir sû exprimer si vivement des passions aussi tempérées & aussi modestes, que l'Amitié & l'Amour Conjugal ; des vertus aussi tranquilles, que la Fidélité & la Concorde ; de simples sentimens de l'ame plutôt que des passions & des vertus, comme le Repos & la Paix ; Enfin des Etats aussi muets que la Rêverie & le Silence ; car quelle force d'expression ne faut-il pas imprimer à des Statues de bronze & de marbre, pour leur faire représenter des choses si simples & si peu marquées ; & cela, par le seul air & par la seule attitude qu'on leur donne ! C'est cependant ce qu'ont fait les Sculpteurs de l'ancienne Gréce, & de l'ancienne Rome.

Quoi que je me fusse proposé de n'écrire que des Ouvrages qui sont à Rome, la Lucréce du Guide que j'ai vuë à Génes a quelque chose de si singuliérement beau, que je ne puis m'empêcher d'en dire deux mots, & de finir par là.

LA LUCRECE.

Tableau qui se voit à Génes, dans le Palais Balbi.

Par le Guide.

CE Tableau est du caractére de tous les autres Ouvrages du Guide qui sont à Rome. Ce sont toujours de ces Expressions recherchées & semblables à celles de Timanthe cet ingénieux Peintre Grec*, qui font plutôt faites pour l'esprit que pour les yeux, qui donnent à entendre beaucoup plus de choses qu'elles n'en font voir ; où l'on découvre plus ou moins de beautez suivant la mesure d'intelligence qu'on a ; où une seule Figure, par les pensées sublimes ou fines qui s'y trouvent, surpasse souvent les plus abondantes Compositions; & qui font connoître que, quelque excellent que soit l'Art de la Peinture, de tels Peintres avoient un génie encore fort élevé au dessus de leur Art.

On voit, dans le corps de

---

* *In omnibus ejus operibus intelligitur plus semper quam pingitur ; & cum ars summa sit, ingenium tamen ultra artem est.* Plin. l. 35. c. 10.

cette Lucréce, la plus parfaite Rondeur sans presque aucune ombre, par les seules Demiteintes dans lesquelles le Guide a si fort excellé ; &, sur son visage, l'air le plus vif du monde quoi qu'avec ces Couleurs blanches & pâles de sa derniére maniére, pratiquée par lui seul, & dans laquelle il a rendu ses ouvrages plus beaux, que les plus grands Peintres de son tems n'ont fait les leurs avec toute la richesse des plus belles Couleurs qu'ils y ont étallées.

Les autres Peintres font faire cent sortes de grimaces à Lucréce pour exprimer la douleur qu'elle ressent de la violence que Tarquin lui a faite,

& celle que lui cause le coup de poignard dont elle s'est percée le sein: Le Guide, sans faire en aucune maniére grimacer celle-ci, a trouvé le secret de faire paroître, dans ses seuls traits, la plus forte & la plus belle expression de la plus vive douleur qu'on ait jamais vuë. Ses yeux en paroissent enfoncez jusqu'au derriére de la tête; & son front comme rétréci, par la force de son application dans ses cruelles réflexions, semble se perdre entiérement: Vous diriez que son visage n'a plus ni d'yeux ni de front; & que défiguré, pour ainsi dire, de la sorte, c'est moins un Portrait de Lucréce, qu'une Image de la Douleur.

Mais de quel caractére est cette merveilleuse Image ? C'est une douleur chaste & sainte qui fait encore plus admirer la vertu de celle qui souffre, qu'elle ne fait plaindre sa peine ; on voit manifestement que c'est elle-même qui se fait souffrir & qu'elle regarde, comme une punition juste, la cruauté qu'elle a exercée contre elle-même ; sa vertu paroît encore plus grande que ses malheurs ; sa force prévaut à sa souffrance ; & son courage est supérieur à sa douleur quoi qu'elle soit extrême & la plus grande qu'elle puisse souffrir. Tout cela est exprimé d'une maniére si savante & si divine, que ce seul Tableau meriteroit qu'on eût nommé le Guide, comme on a fait, *le Dieu de la Peinture*, quand il n'auroit jamais fait que celui-là.

Que dirai-je enfin ? Ce génie incomparable, par des Traits uniquement réservez à son divin Pinceau, a fait voir, dans l'air de sa Lucréce, je ne sai quelle horreur vertueuse d'une soüillûre involontaire, & je ne sai quel chaste frémissement d'un crime commis en elle, mais malgré elle. On ne croit plus avoir devant les yeux ni toile, ni Tableau, mais Lucréce elle-même encore toute vivante, & dans le moment qu'elle s'arrache la vie pour ne pas survivre à la perte de son honneur ; c'est elle-même qu'on voit ; c'est elle-même qu'on plaint, qu'on admire, qu'on blâme un moment, qu'on justifie aussi-tôt ; on ne pense ni au Guide, ni à la Peinture ; tant cette expression est forte & vive, tant elle surpasse les productions ordinaires de l'Art, & confond la Nature même qui ne sauroit plus démêler les Ouvrages qu'elle produit, d'avec ceux qu'un artifice si savant contrefait !

FIN.

TABLE.

A

FIGURES représentant différentes sortes d'Animaux, lesquelles se voyent dans divers Palais & Vignes de Rome, page 316

L'Antinoüs & l'Apollon. Statues antiques qui se voyent dans la Cour du Jardin de Belvédére, au Palais du Vatican, 296

Le Cabinet d'Apollon & des Muses, qui se voit dans la Vigne nommée *Belvédére*, à Frescati, 135

L'Apollon & la Daphné. Groupe qui se voit dans le Palais de la Vigne Borghése. Par Jean Laurent Bernini, communément appellé *le Cavalier Bernin*, natif de Naples, 19

L'Assomption de la Sainte Vierge. Tableau qui se voit à l'Autel de la Chapelle de la Vierge, dans l'Eglise de S. Sylveſtre à *Monte-Cavallo*. Par Scipion Pulzone, natif de Gaiette, 235

TABLE.

Autre Assomption. Tableau qui se voit au Plafond de l'Eglise de Sainte Marie *in Trastevere*. Par Dominique Zampiéri, nommé communément *le Dominiquin*, natif de Bologne en Italie, 156

B

Le Banquet des Noces de Psyché, & ses autres Avantures. Peintures à fresque qui se voyent au Plafond de la grande Salle du petit Farnêse. Par Raphaël Sanzio, ordinairement appellé *Raphaël d'Urbin*, natif d'Urbin, 118

Bataille de Constantin contre Maxence. Peinture à fresque qui se voit dans la Salle de Constantin, au Palais du Vatican. Par le même Raphaël d'Urbin, 279

Le Bélisaire Mandiant. Statue antique qui se voit dans le Palais de la Vigne Borghêse, 27

C

La Cascade qui se voit au Pont de Tivoli, 261

La Sainte Cecile. Statue qui se voit sur le tombeau de cette Sainte, dans l'Eglise consacrée sous son nom. Par Estienne

Maderne, Lombard, 56

La Chaire de Saint Pierre, laquelle se voit dans l'Eglise de S. Pierre du Vatican. Par le Cavalier Bernin, 216

L'Eglise des Chartreux, laquelle se voit à *Termini*. Par Michel-Ange Buonarotti, né dans le Territoire d'Arezzo en Toscane, 241

Les deux Chevaux de marbre qui sont sur la Balustrade de la Cour du Capitole, Antiques : Et les deux autres qui se voyent à *Monte-cavallo* ; dont l'un a été fait par Phidias ; & l'autre, par Praxitele, tous deux Sculpteurs Grecs, 47

Le CHRIST descendu de Croix. Tableau qui se voit dans l'Eglise de Saint François à Ripe. Par Annibal Carache, natif de Bologne en Italie, 128

Autre CHRIST. Tableau qui se voit à la Chancellerie, dans l'Appartement du Cardinal Ottobon. Par *Guido Reni*, nommé communément *le Guide*, natif de Bologne en Italie, 61

Cloître des Chartreux, lequel se voit à *Termini*. Par Michel-Ange Buonarotti, 241

Les Colomnes Antonine & Trajane, qui se voyent dans les Places qui ont le même nom, 9

Le Conseil des Dieux. Peinture à Fresque qui se voit au Plafond de la grande Salle du petit Farnêse. Par Raphaël d'Urbin, 113

Descente de Croix. Peinture à Fresque qui se voit dans l'Eglise de la Trinité du Mont. Par Daniel Ricciarelli, vulgairement appellé *Daniel de Volterre*, natif de Volterre en Toscane, 264

Le Crucifiement de saint Pierre. Tableau qui se voit à saint Paul des trois Fontaines, hors de Rome. Par le Guide, 194

D

La Danaé. Tableau qui se voit au Palais Chigi devant l'Eglise des Saints Apôtres. Par Antoine, nommé communément *le Corrége*, natif de Corrége ville du Modénois, 64

Le David dansant devant l'Arche d'Alliance. Peinture à Fresque qui se voit dans la Chapelle de la Vierge de l'Eglise de saint Sylvestre à *Monte-cavallo*. Par le Dominiquin, 238

E

Les trois Enfans, ou les Saisons. Groupe

antique qui se voit au Palais Justiniani, 142

Epitaphe qui se voit dans l'Eglise de la Minerve. Par le Cavalier Bernin, 175

Statue Equestre de l'Empereur Marc Aurêle. Antique qui se voit dans la Cour du Capitole, 50

L'Esther tombant en foiblesse. Peinture à Fresque qui se voit dans la Chapelle de la Vierge de l'Eglise de saint Sylvestre à *Monte-cavallo*. Par le Dominiquin, 237

F

Le Faune. Statue antique qui se voit au Palais Barberin, 89

Faustine la jeune. Statue antique, qui se voit à la Vigne Mathéi, 159

La Faustine & son Gladiateur. Groupe antique, qui se voit dans le Palais de la Vigne Borghêse, 30

La Flore. Statue antique qui se voit au Palais Farnêse, 97

La Fontaine de la Place Navône. Par le Cavalier Bernin, 180

La Fontaine de *Montorio*. Par le Cavalier Fontana, & par Charles Maderne, 177

Frescati, 133

TABLE.

G

La Galathée ; & les autres Ouvrages de Raphaël d'Urbin qui se voyent dans la Galerie du petit Farnêse, 124

Le Ganiméde. Tableau qui se voit au Palais Chigi devant l'Eglise des Saints Apôtres. Par Michel-Ange Buonarotti ; & par Annibal Carache, 70

La Gerbe d'eau, communément appellée *la Girandole*, qui se voit dans la Vigne nommée *Belvédére*, à Frescati, 135

La Gerbe d'eau, ou Girandole, qui se voit dans la Vigne du Duc de Gadagnole, au même Frescati, 137

Le Gladiateur. Statue antique qui se voit dans le Palais de la Vigne Borghêse. Par Agasias natif d'Ephêse, 32

H

Hercule étouffant Anthée. Tableau qui se voit dans le Palais de la Vigne Borghêse. Par le Cavalier Jean Lanfranc, natif de Parme, 45

L'Hercule. Statue antique qui se voit au Palais Farnêse. Par Glicon, natif d'Athênes, 101

L'Hermaphrodite dormant. Statue anti-

P ij

que qui se voit dans le Palais de la Vigne Borghêse, 37

I

Le Saint Jérôme. Tableau qui se voit dans l'Eglise de Saint Jérôme de la Charité, prés le Palais Farnêse. Par le Dominiquin, 139

Jesus-Christ devant Pilate. Tableau qui se voit dans le Palais Justiniani. Par Titien Vecelli, communément appellé *le Titien*, né dans le Cadorin petite Province du Frioul en Italie, 145

Les Joüeurs. Tableau qui se voit au Palais Barberin. Par Michel-Ange Merigi, communément appellé *le Caravage*, né à Caravage Bourg dans le Milanois, 186

La Judith. Peinture à Fresque qui se voit dans la Chapelle de la Vierge de l'Eglise de Saint Sylvestre à *Monte-cavallo*. Par le Dominiquin, 236

Le Jugement dernier ; & les autres Peintures à Fresque qui se voyent dans la Chapelle de Sixte au Vatican. Par Michel-Ange Buonarotti, 287

L

Le Laocoon & ſes Enfans. Groupe antique qui ſe voit dans la Cour du Jardin de Belvédére, au Palais du Vatican. Par Agéſander, Polydore, & Athénodore, natifs de l'Iſle de Rhodes, 304

La Lucréce. Tableau qui ſe voit à Génes, dans le Palais Balbi. Par le Guide, 327

M

La Magdeleine. Tableau qui ſe voit dans le Palais Pio, au Champ de Flore. Par Jacques Robuſti, vulgairement nommé *le Tintoret*, natif de Veniſe, 224

La Maiſon de plaiſance de Mécénas, laquelle ſe voit à Tivoli, 262

Le Saint Michel. Tableau qui ſe voit aux Capucins de *Capole-caſe*. Par le Guide, 53

Le Moyſe. Statue qui ſe voit au Tombeau du Pape Jules II. dans l'Egliſe de Saint Pierre aux Liens. Par Michel-Ange Buonarotti, 198

Le Myrmillon. Statue antique qui ſe

P iij

voyoit autrefois à la Vigne Ludovi-
fio, 319

N

Le Narciffe. Statue antique qui fe voit dans le Palais de la Vigne Bor-ghêfe, 39

La Niobé & fes Enfans. Ouvrage antique qui fe voit à la Vigne Médicis. Par Praxitele Sculpteur Grec, 166

La Notre-Dame de Pitié. Groupe qui fe voit fur l'Autel de la Chapelle où les Chanoines font l'Office, à Saint Pierre du Vatican. Par Michel-Ange Buonarotti, 219

P

Parallele de la Fauftine qui fe voit à la Vigne Mathéi; & de la Religion, Statue qui fe voit au Tombeau de Paul III. dans l'Eglife de Saint Pierre du Vatican, 159

Ouvrages de Peinture qui fe voyent à Saint André *della-valle*, 1

Au Palais Chigi, 64

Au petit Farnêfe, 109

A Saint Sylveftre de *Monte-Cavallo*, 235

Au Palais du Vatican, 279
Perspectives, lesquelles se voyent à la voûte de l'Eglise de Saint Sylvestre à *Monte-Cavallo*. Par le Pére Mathieu Zaccolino Théatin, natif de Céséne ville de la Romagne, 239
Tête de Saint Pierre. Tableau qui se voit au Palais Pamphile. Par Annibal Carache, 192
Le Pompée. Statue antique qui se voit au Palais Spada, 233
La Porte du Peuple. Par Michel-Ange Buonarotti, & par le Cavalier Bernin, 227
La Porte Pie. Par Michel-Ange Buonarotti, 231
Histoire des Avantures fabuleuses de Psyché, qui se voit au petit Farnêse. Par Raphaël d'Urbin, 109

R

La Religion. Statue qui se voit au Tombeau de Paul III. dans l'Eglise de Saint Pierre du Vatican. Par Guillaume de la Porte, Lombard, 159
La Rêverie. Statue antique, que les uns disent représenter Poppée ; & les autres, Agrippine : & qui se voit dans les Jardins Farnêses, au Mont Palatin, 89

S

Les Saisons. Groupe antique qui se voit au Palais Justiniani, 142

Le Satyre. Statue antique qui se voit à la Vigne Ludovisio, 151

Ouvrages de Sculpture qui se voyent,
A la Vigne Borghêse, 19
Au Capitole, 47
Au Palais Farnêse, 97
Au Palais du Vatican, 296
A Saint Pierre du Vatican, 216

Le Saint Sébastien. Tableau qui se voit au Palais Borghêse. Par Dominique Beccafumi, autrement appellé le Micarin, natif de Sienne, 16

Le Sénéque mourant. Statue antique qui se voit dans le Palais de la Vigne Borghêse, 41

La Sybille. Tableau qui se voit au Palais Chigi, devant l'Eglise des Saints Apôtres. Par le Guide, 76

T

Le Taureau. Groupe antique qui se voit au Palais Farnêse, 105

Restes des Termes de Diocletien, desquels Michel-Ange Buonarotti a fait

TABLE. 345

l'Eglise des Chartreux qui se voit à Termini, 241

Tivoli ; & tout ce qui se trouve de plus beau aux environs ; tant pour l'Antique, que pour le Moderne, 246

La Transfiguration de Notre-Seigneur. Tableau qui se voit à Saint Pierre *Montorio*. Par Raphaël d'Urbin, 201

La Trinité. Tableau qui se voit dans l'Eglise de la Trinité des Pellerins. Par le Guide, 270

V

Vaisseau dont les Pavillons & les Voiles sont formez de Jets d'eau, lequel se voit dans le Jardin de Belvédére, au Vatican, 313

La Vénus accompagnée d'un Cupidon. Groupe antique qui se voit dans la Cour du Jardin de Belvédére, au Palais du Vatican, 310

La Vénus. Tableau qui se voit dans la Galerie du Palais du Connétable Colonne. Par Paul Caliari, vulgairement appellé *Paul Véronése*, 85

La Sainte Vierge. Tableau qui se voit au Palais Chigi devant l'Eglise des Saints Apôtres. Par Raphaël d'Urbin, 80

P v

Autre Vierge. Tableau qui se voit à un des Autels de Sainte Marie Majeure. Par le Guide, 154
La Villa Hadriani, ou la Maison de plaisance de l'Empereur Adrien, laquelle se voit aux environs de Tivoli, 254

Fin de la Table.

TOUS LES OUVRAGES

DE

CHAQUE PEINTRE, SCULPTEUR,

ET ARCHITECTE,

INDIQUEZ

Sous le nom de chacun de ces grands Hommes.

A

AGASIAS.

LE Gladiateur, page 32

AGESANDER.

Le Laocoon, 304

ATHENODORI.

Le Laocoon, 304

B

DOMINIQUE BECCAFUMI.

Le Saint Sébastien, 16

LE CAVALIER BERNIN.

L'Apollon & la Daphné, 19
La Chaire de Saint Pierre, 216
Epitaphe, 175
La Fontaine de la Place Navône, 180
La Porte du Peuple, 227

MICHEL-ANGE BUONAROTTI.

Le Ganiméde, 70
Le Jugement dernier, & les autres Ouvrages de la Chapelle de Sixte, 287
Le Moyse, 198
L'Eglise de Notre-Dame des Anges ou des Chartreux, avec le Cloître des mêmes Chartreux, 241
La Notre-Dame de Pitié, 219
La Porte du Peuple, 227
La Porte Pie, 231

C

ANNIBAL CARACHE.

Le Christ descendu de Croix, 128
Le Ganiméde, 70
Tête de Saint Pierre, 192

LE CARAVAGE.

Les Joüeurs, 186

LE CORREGE.

La Danaé, 64

D

LE DOMINIQUIN.

L'Assomption de la Sainte Vierge, 156
Le Saint Jérôme, 139
Divers Ouvrages à Saint Sylvestre de *Monte-Cavallo*, 235
La Vocation de Saint Pierre & de Saint André à l'Apostolat, 1

F

LE CAVALIER FONTANA.

La Fontaine de *Montorio*, 177

G

GLICON.

L'Hercule, 101

LE GUIDE.

Le Christ, 61
Le Crucifiement de Saint Pierre, 194
La Lucréce, 327
Le Saint Michel, 53
La Sybille, 76
La Trinité, 270
La Sainte Vierge, 154

I

JULES ROMAIN.

La Bataille de Constantin contre Maxence, 279

L

Le Cavalier Lanfranc.

L'Hercule étouffant Anthée, 45

M

Charles Maderne.

La Fontaine de *Montorio*, 177

Estienne Maderne.

La Sainte Cecile, 56

P

Phidias.

Cheval de Marbre, 47

Polydore.

Le Laocoon, 304

Guillaume de la Porte.

La Religion, 159

Praxitele.

Un Cheval de marbre, 47
La Niobé, 166

Scipion Pulzone.

l'Assomption de la Sainte Vierge, 235

R

Raphael d'Urbin.

Le Banquet des Nôces de Psyché, 118
Bataille de Constantin contre Maxence, 279
Le Conseil des Dieux, 113
La Galathée, 124
Les Avantures fabuleuses de Psyché, 109
La Transfiguration, 201
La Sainte Vierge, 80

T

Le Tintoret.

La Magdeleine, 224

LE TITIEN.

Jesus-Christ devant Pilate, 145

V

PAUL VERONESE.

La Vénus, 85

DANIEL DE VOLTERRE.

Descente de Croix, 264

Z

LE PERE MATHIEU ZACCOLINO.

Perspectives, 239

ANTIQUES

dont les Autheurs sont inconnus.

Figures représentant différentes sortes d'Animaux,	page 316
L'Antinoüs,	296
L'Apollon,	296
Le Bélisaire,	27
Les Colomnes Antonine & Trajane,	9
Le Faune,	89
Faustine la Jeune,	159
La Faustine & son Gladiateur,	30
La Flore,	97
L'Hermaphrodite dormant,	37
Le Marc Aurêle,	50
Le Myrmillon,	319
Le Narcisse,	39
Le Pompée,	233
La Rêveuse,	89
Les Saisons,	142
Le Satyre,	151
Le Sénéque,	41
Le Taureau,	105
Les Thermes de Dioclétien,	241
La Vénus accompagnée d'un Cupidon,	310
La Villa Hadriani,	254

ERRATA.

Pages.	Lignes.	Fautes.	Corrections.
119.	9.	& majesté.	& la majesté.
179.	2.	d'au de-là.	d'audelà.
216.	8.	faite.	faire.
287.	4.	le Chapelle.	la Chapelle.

De l'Imprimerie de JEAN-BAPTISTE CUSSON, rue saint Jacques, au Nom de JESUS.

www.ingramcontent.com/pod-product-compliance
Lightning Source LLC
Chambersburg PA
CBHW060616170426
43201CB00009B/1038